EDUCAÇÃO NOS TEMPOS DA CÓLERA

Dados Internacionais de Catalogação na Publicação (CIP)
(Câmara Brasileira do Livro, SP, Brasil)

Bonzatto, Eduardo Antonio
  Educação nos tempos da cólera / Eduardo Antonio
Bonzatto. -- 1. ed. -- São Paulo : Ícone,
2010. -- (Coleção conhecimento e vida /
coordenação Diamantino Fernandes Trindade)

  ISBN 978-85-274-1141-7

  1. Educação - Brasil - História 2. História
social 3. Pedagogia 4. Sociologia educacional I.
Trindade, Diamantino Fernandes. II. Título. III.
Série.

10-08412   CDD-370.981

Índices para catálogo sistemático:

1. Brasil : Educação : História social
     370.981
2. Educação : Brasil : História social
     370.981

Eduardo Antonio Bonzatto

EDUCAÇÃO NOS TEMPOS DA CÓLERA

Coleção Conhecimento e Vida

Coordenação
Diamantino Fernandes Trindade

1ª edição
Brasil – 2010

Ícone editora

© Copyright 2010
Eduardo Antonio Bonzatto
Direitos cedidos à Ícone Editora Ltda.

Coleção Conhecimento e Vida

Coordenação Editorial
Diamantino Fernandes Trindade

Capa e diagramação
Richard Veiga

Revisão
Marsely De Marco Dantas

Proibida a reprodução total ou parcial desta obra, de qualquer forma ou meio eletrônico, mecânico, inclusive através de processos xerográficos, sem permissão expressa do editor (Lei nº 9.610/98).

Todos os direitos reservados pela
ÍCONE EDITORA LTDA.
Rua Anhanguera, 56 – Barra Funda
CEP 01135-000 – São Paulo – SP
Tel./Fax.: (11) 3392-7771
www.iconeeditora.com.br
e-mail: iconevendas@iconeeditora.com.br

EDUCAÇÃO NOS TEMPOS DA CÓLERA[1]

Eduardo Antonio Bonzatto[2]

*Aprenda a língua da poesia,
da arte, do romance e do sexo.*
Leonardo da Vinci

---

[1] A palavra cólera, em português, tanto exprime o sentimento de ira, raiva, fúria, quanto designa a doença produzida pelo vibrião colérico. Na primeira acepção, a palavra é feminina; na segunda, o gênero tem sio motivo de interminável controvérsia.

Na primeira acepção, a palavra cólera tem sua raiz etimológica no grego *kholé*, bile, através do latim *cholera*, pois se acreditava, conforme a doutrina da patologia humoral que norteou o pensamento médico por mais de dois milênios, que o excesso de bile no organismo tornava a pessoa de mau humor, irascível; donde os adjetivos colérico, encolerizado e biloso.

Nesse caso, portanto, a palavra deve ser feminina, pois refere-se ao sentimento de ira, raiva e fúria.

Publicado no livro **Linguagem Médica**, 3ª ed., Goiânia: AB Editora e Distribuidora de Livros Ltda., 2004.

[2] Doutor em história social, professor e permacultor.

> *(...) é preciso que o povo seja livre
> para que possa escolher; e
> é preciso que ele seja instruído
> para que faça a escolha certa.*
> Jornal O Universal, 1825

> *Não acredito na educação.
> O teu único modelo deves ser tu próprio,
> mesmo que esse modelo seja assustador.*
> Albert Einstein

Hoje, em algum dia de agosto de 2009, para os 191 milhões de brasileiros, existem 975 livrarias. O mesmo número de livrarias da cidade de Buenos Aires, capital da Argentina. É possível entender a razão?

O que é ser educador hoje?

A alegria é o que sentimos quando percebemos o aumento de nossa realidade, isto é, de nossa força interna e capacidade para agir. Aumento de pensamento e de ação, a alegria é caminho de autonomia individual e política. A tristeza é o que sentimos ao perceber a diminuição de nossa realidade, de nossa capacidade para agir, o aumento de nossa impotência e perda da autonomia. A tristeza é o caminho da servidão individual e política, sendo suas formas mais costumeiras o ódio e o medo recíprocos.

Espinosa dizia que a razão só inicia o trabalho do pensamento quando sentimos que pensar é um bem ou uma alegria, e ignorar, um mal ou uma tristeza. Somente quando o desejo de pensar é vivido e sentido, como um afeto que aumenta nosso ser e nosso agir, é que podemos avaliar todo o mal que nos vem de não saber. Pensar, agir, ser livre e feliz constituem uma forma unitária de viver, individual e politicamente. Ignorar, padecer, ser escravo e infeliz, também constituem um modo unitário de existir. Por isso, escrevia Espinosa, não há instrumento mais poderoso para manter a dominação sobre os homens do que mantê-los no medo e para conservá-los no medo, nada melhor do que conservá-los na ignorância. Inspirar terror, alimentar o medo, cultivar esperanças ilusórias de salvação e conservar a ignorância são as armas privilegiadas dos governos violentos... O que me é dado sob a aparência de saber não é sequer o próprio saber, mas sua caricatura banalizada e vulgarizada...Conhecer é apropriar-se intelectualmente de um campo dado de fatos ou de ideias que constituem o saber estabelecido. Pensar é desentranhar a inteligibilidade de uma experiência opaca que se oferece como matéria para o trabalho da reflexão a ser compreendida e, assim, negada enquanto experiência imediata. Conhecer é tomar posse. Pensar é trabalho da reflexão. O conhecimento move-se na região do instituído, o pensamento, na do instituinte.[3]

Em todos os sentidos, a descrição acima traduz a escola de hoje. Devo produzir um tessume entre saber e conhecimento, já que o saber é fruto da experiência e o conhecimento é produzido pela academia. Enquanto o saber é instituinte, o conhecimento é instituído, o que equivale a dizer: o saber é perigoso, o conhecimento é inofensivo. Um permite a reflexão, enquanto o outro produz o medo.

Este ensaio pretende apontar algumas das contradições que auxiliariam no entendimento dos problemas da educação no Brasil contemporâneo.

Três grandes questões se impõem: uma histórica, uma cultural e outra econômica. A primeira diz respeito à questão da alfabetização nesses tempos de cólera; a

---

[3] CHAUÍ, M. "O que é ser Educador hoje? Da arte à ciência: a morte do educador", *In:* **O educador: vida e morte**. Carlos Rodrigues Brandão [Org.]. Rio de Janeiro: Edições Graal, 7ª Ed. 1986.

segunda à questão da visualidade especificamente no Brasil, e a terceira cuida de apontar as escolhas oriundas do tratado de Jontiem na Tailândia em inícios dos anos 1990 e seu alinhamento com o receituário neoliberal.

Comecemos pelas questões históricas.

Uma grande pesquisa em seis capitais brasileiras patrocinada pela Unesco e pelo Ministério da Educação, entre 2003 e 2004, com treze mil alunos de 110 escolas públicas, realizada pelo Observatório de Violência nas Escolas apontou um quadro nada surpreendente: metade dos docentes já foi xingada pelos alunos. Mas o diagrama das agressões, se entendemos, de um lado, a indiferença e de outro a violência física, é muito maior.[4]

As conclusões a que chegaram os analistas da pesquisa apontam para um imbricamento entre a violência da sociedade e uma violência peculiar à própria escola, até às questões voltadas para o conteúdo: "se o que está sendo oferecido e ensinado não faz sentido para o aluno, ele se desinteressa".

Tais constatações serão suficientes para uma discussão sobre os rumos da educação nesses tempos tão bicudos.

Devemos nos indagar sobre o porquê da educação, qual sua função, qual sua necessidade social. Delimitar sua historicidade pode ser um estratagema para entendermos seus limites e possíveis reconfigurações. O anacronismo escolar, ou melhor, o descompasso de uma escola que não dialoga mais com o seu tempo, abre perspectivas potencializadoras de mudanças profícuas em suas diretrizes.

---

[4] **Jornal Folha de S. Paulo**, 1º de maio de 2006, Folha cotidiano, p. C 1.

Para iniciarmos nossa reflexão, devemos entender que a violência ocorre quando toda a energia potencial voltada para o diálogo transforma-se em discurso. Esse protocolo categorial é necessário na medida em que a violência, entendida como discurso, pode funcionar como uma pista em busca de seu contra discurso, leitura a contra-pêlo reveladora da estrutura de sua insurgência.

Em primeiro lugar, a escola, em sua configuração moderna, é uma instituição articulada, desde seu aparecimento, a duas outras instituições fundamentais de nossa estrutura social: a família nuclear e o trabalho disciplinar.

Inúmeros elementos comuns às três instituições apresentam caprichosamente esta articulação: hierarquia, obediência, normatização, regramento, etc. Pai, professor, patrão expressam uma tríade em que a escola não destoa de sua função formativa da acessibilidade ao paradigma da dominação.

Essas três instituições possibilitaram e vitalizaram processos de macro sociabilidades (ou macro solidariedades), cuja expressão maior é o estado-nação. Estrutura coerente e hegemônica, o estado-nação abarca o afeto, o conhecimento e o consumo, integrados num tecido que sempre foi mais que mera promessa de conquista: foi justamente sua realização que tornou hegemônica sua instalação na realidade. Tal estrutura alargou-se enormemente durante o século XX, contemplando número crescente de indivíduos, principalmente na consolidação de uma classe média que lhe conferia sempre mais legitimidade.

O pai provedor, o professor rigoroso e o patrão inflexível compuseram um centro irradiador que se expandiu equilibradamente até os anos iniciais da década de 1980, no Brasil, patrocinados, em parte, pelo regime militar e seu estado pleno, inflado e gestor de uma economia rigorosamente expandida, pelo menos até quanto suporta um modelo de produção fundamentado pela desigualdade entre as pessoas.

No Brasil, o início da década seguinte coincide com o projeto neoliberal, fronteira da expansão do bem estar e capricho da acumulação concentrada nas mãos de muitos números que estarão sempre muito longe dos "muitos" a que qualquer princípio de justiça aspira. Mas, a rigor, é um sistema de produção pensado e implementado para a iniquidade: sistema de produção, de exploração, de dominação, termos que devem ser hierarquizados se quisermos entender suas expressões mais elementares: seres hierarquizados, em desigualdade, "naturalmente" desiguais. No entanto é preciso convencer as pessoas dessa desigualdade, só então é possível explorá-las e, só então, é possível produzir tranquilamente os elementos da riqueza, de tal sorte que hoje, esses mesmos dominados/dominadores são chamados colaboradores (a semântica é poderosa arma de nomeação).

Todavia, o tijolo elementar dessa construção é a condição de desigualdade entre dois seres humanos; esta a relação básica, o elemento fundamental de toda estrutura. A compreensão dessa hierarquia é fundamental para qualquer possibilidade de mudança. Deixar de compartilhar com essa estrutura é mudar a relação mínima que a alimenta. Todavia é necessário pensar nos elementos que tornam tal hierarquia possível.

Insisto enfaticamente neste princípio, já que são tantos os desvios de nossa atenção que tentamos inutilmente corrigir tal sistema, não pelo seu princípio, mas por suas bordas, pela conscientização, pelo esclarecimento, pelo conhecimento que deve ser socializado para toda a sociedade para que só então seja possível alterá-la. Como veremos, essa estratégia somente reforça a estrutura, pois não toca nem de longe no fundamento, aquilo que leva as pessoas a sentirem-se em posições diferentes na hierarquia social. Nesse sentido, o conhecimento é o elemento mais sofisticado de produção de hierarquias, já que necessita de um lócus apropriado para ser adquirido, sob condições muito precisas: a escola.

Contrapunha-se radicalmente à experiência:

O aprendizado, como iniciado em habilitações dos adultos, não se restringe à sua expressão formal na manufatura, mas também serve como mecanismo de transmissão entre gerações. A criança faz seu aprendizado das tarefas caseiras primeiro junto à mãe ou avó, mais tarde (frequentemente) na condição de empregado doméstico ou agrícola. No que diz respeito aos mistérios da criação dos filhos, a jovem mãe cumpre seu aprendizado junto às matronas da comunidade. O mesmo acontece com os ofícios que não têm um aprendizado formal. Com a transmissão dessas técnicas particulares, dá-se igualmente a transmissão de experiências sociais ou da sabedoria comum da coletividade. Embora a vida social esteja em permanente mudança e a mobilidade seja consi-

derável, essas mudanças ainda não atingiram o ponto em que se admite que cada geração sucessiva terá um horizonte diferente. E a educação formal, esse motor da aceleração (e do distanciamento) cultural, ainda não se interpôs de forma significativa nesse processo de transmissão de geração para geração.[5]

Nascida para apoiar a expansão do estado-nação, seja propagando uma língua única, uma história uniforme, os conhecimentos ali divulgados originaram-se, em sua grande maioria, dos princípios do iluminismo e de seu grande catálogo do conhecimento socialmente produzido que era, não coincidentemente, baseado no princípio do "saber é poder".[6]

Tratemos, primeiramente, da centralidade da cultura escrita. Talvez fosse melhor indagarmos como se dava a aquisição da cultura escrita antes da escolaridade formal do estado-nação.

Considerando os tutores, as sociedades de leitores e de escritores, os profissionais do ofício, os diversos caminhos de acesso, quase sempre voluntariosos; a rigor não havia regras universalizantes para se tornar um leitor. Os ensinadores eram inaptos para a formulação de um

---

[5] THOMPSON, E. P. **Costumes em comum**. São Paulo: Cia das Letras, 2005, p. 18.

[6] Como ainda farei uma distinção entre saber e conhecimento, talvez fosse melhor dizer "conhecimento é poder". Contudo, como consagrada está a expressão, mantenho-a com esta ressalva.

padrão de ensino. Cada qual seguia um caminho, elaborava uma gramática mínima[7].

O rastreamento dos primórdios da alfabetização na modernidade pode percorrer inúmeros caminhos.

Tomando Comênius como uma dessas possibilidades inferimos que a imagem tinha enorme argumento propedêutico; sua obra O*rbis Pictus Sensualium* prometia emergir do cotidiano dos aprendizes calcados pelas imagens mais representativas do ordinário dia a dia.

E nisso ele não estava só. Tanto a chamada "bíblia dos pobres", quanto a *Fibel* (pequena bíblia e que mais tarde emprestaria seu nome a quase todos os manuais escolares) fartavam-se do uso de imagens para "ensinar" a história bíblica, sendo que o segundo, além de imagens, dividia escrituras com os ícones.

Outro método empregado indiscriminadamente era o "fônico", em que se salientava o som das palavras para atingir a alfabetização.

Era notável a rapidez com que se aprendia a ler. Alguns manuais da época prometiam que tanto crianças quanto adultos aprendiam a ler em "seis dias".[8]

---

[7] Em sua obra variada, Luciano Cânfora tem rastreado esse caminho erradio da leitura e da escritura antes do aparecimento da escola formal. Dentre suas obras, destaco **Um ofício perigoso**, São Paulo: Perspectiva, 2003; e, principalmente, **Livro e Liberdade**, São Paulo: Ateliê, 2003.

[8] KREUTZ, L. Literatura Escolar dos Imigrantes Alemães no Rio Grande do Sul: Fonte Inexplorada na História da Educação. *In:* Catani, D. B. & Bastos, M. H. C. [Org.]. **Educação em Revista**. São Paulo: Escrituras Editora, 2002, p. 111 a 125.

Mais um método ainda vigente no raiar da modernidade era o da soletração, ou silábico.

No entanto, a função da leitura e da escrita dava-se no âmbito da família e, por extensão, da comunidade, incluindo-se aí a igreja.[9]

A utilização desses métodos era absolutamente aleatória e dependia, em grande parte, da escolha dos diversos agentes envolvidos.

Autores consagrados podem oferecer pistas de uma prática da escrita e da leitura antes da emergência da escola da nação, uniformizante, laica, para todos e cuja função passou a ser absolutamente controladora, em que o próprio aprendizado deveria implicar em ordem e homogeneização. No século XVI, temos Jordan, no XVII, Comênius e Ratke, no XVIII, Tropp, Helsinger e Oberberg, todos, de alguma forma, envolvidos com métodos de alfabetização cuja variância garantia uma total descentralização da aquisição do hábito da leitura e da escrita.

Cartilhas remanescentes dão um testemunho dessa variação: *Heiligen Namenbuch*, de 1435, de autoria de *Dankrotzheim* educava pelo nome dos santos e pela tabuada, pelo método do abecedário; outro manual im-

---

[9] A experiência da aldeia é uma das permanências mais interessantes no que concerne a um âmbito de valores e vivências. Só na Inglaterra calcula-se que existam ainda hoje mais de treze mil aldeias, muitas das quais permanecem no mesmo local por mais de mil anos. (Seed, P. **Cerimônias de Posse na Conquista Europeia do Novo Mundo – 1492-1640**. São Paulo: Unesp, 1999, p. 31)

portante que trazia inúmeras ilustrações era o *Abecedarium Madeburgense*, de 1603; da safra do método fônico, podemos citar Leseschul, de 1533, de Jordan e o *Teutsche Grammatica*, de 1534, com farta ilustração como promessa para alfabetizar tendo como aliança o som poderoso das palavras.[10]

Exemplo considerável desse período nebuloso da história da alfabetização moderna pode ser a chamada *leitura extensiva*, que um historiador chamou de "revolução da leitura"; essa revolução:

> *(...) teve lugar na Alemanha em fins do século XVIII, no sentido de uma mudança da leitura intensiva para a leitura extensiva. Outro descreveu uma passagem mais gradativa e mais geral "da leitura intensiva e reverente para um estilo de leitura mais extensivo e independente", resultado da proliferação, seguida da consequente dessacralização do livro. Foi em meados do século XVIII que o Dr. Johnson perguntou a um interlocutor com a ênfase costumeira: "Você lê os livros até o fim?".*[11]

Assim, essa leitura extensiva consistia no ato de folhear os livros, passar os olhos, consultar, enfim.

---

[10] Idem, p. 114.

[11] BURKE, P. **Uma História Social do Conhecimento**. Rio de Janeiro: Zahar, 2003, p. 161.

Podemos presumir, como tão bem aponta Darnton[12] em seus estudos sobre o consumo de uma literatura clandestina na Europa, na França em particular, em meados desse mesmo século, que essa dessacralização do livro e essa forma de leitura tinham na base uma generalizante e confusa aquisição da própria mecânica da prática da leitura e da escrita.

No Brasil, o melhor momento para se inferir essa irradiação randômica na aquisição da habilidade da leitura e da escrita está mais concentrada no chamado "século das trevas"[13] da educação, o século XIX, em que o Estado praticamente se afasta de uma política de educação sistemática e que há de explicar o potencial da prática da visualidade como alternativa para o século XX, como se verá mais adiante. Mas esse afastamento não significa absolutamente inatividade nesse setor, como nos mostra Luciano Mendes de Faria Filho em seu estudo *Instrução elementar no século XIX*.[14]

Sobre a variada forma de aquisição da leitura afirma o autor:

---

[12] DARNTON, R. Ver principalmente **Os Best-sellers Proibidos da França Pré-revolucionária e Boemia Literária e Revolução**, ambos da Cia das Letras, editora de São Paulo.

[13] Termo cunhado pelos gestores do movimento escolanovista nos anos 1930.

[14] FARIA FILHO, Luciano Mendes. Instrução Elementar no Século XIX. *In:* Lopes, E. M. T. [Org.]. **500 Anos de Educação no Brasil**. Belo Horizonte: Autêntica, 2000, p. 135-150.

> *Até então a escola que existia funcionava, na maioria das vezes, nas casas dos professores ou, sobretudo, nas fazendas, em espaços precários e (...) seguiam o método individual de ensino. Tal método consistia em que o professor, mesmo quando tinha vários alunos, acabava por ensinar a cada um deles individualmente. Na verdade, era o método por excelência da instrução doméstica, aquele que ocorria em casa, onde a mãe ensinava aos filhos e às filhas, ou os irmãos que sabiam alguma coisa ensinavam àqueles que nada sabiam.*[15]

Além desse método, também o chamado ensino mútuo, atribuído ao educador inglês Joseph Lancaster, em que os próprios alunos ajudavam na instrução dos demais, foi bastante divulgado nesse período. Outra metodologia indicada seria uma mistura dos dois anteriores, do método individual e o mútuo, chamado de método simultâneo.

Mas, e os espaços em que essas escolas funcionavam?

> *Grosso modo, pode-se dizer que tais escolas funcionavam em espaços cedidos e organizados pelos pais das crianças e jovens aos quais os professores deveriam ensinar. Não raramente, ao lado dos filhos e/ou filhas dos contratantes vamos encontrar seus*

---

[15] Idem, p. 140.

vizinhos e parentes. O pagamento do professor é de responsabilidade do chefe da família que o contrata, geralmente, um fazendeiro.[16]

Em grande medida, a escola formal do estado-nação veio colocar "ordem" nesse caos tormentoso da escrita irradiada sem controle algum, cada um lendo da forma que bem entendesse, escrita perigosa, portanto.

No Brasil, a educação escolar, ao longo do século XIX, vai, progressivamente, assumindo as características de uma luta do governo do estado contra o governo da casa. Nesses termos, simbolicamente, afastar a escola do recinto doméstico, significava afastá-la também das tradições culturais e políticas a partir das quais o espaço doméstico organizava-se e dava a ver.[17]

A alfabetização silábica é demasiadamente castradora. É a força de repetição que é assimilada. Já se sabe que é entre os 4 e os 8 anos que a mente humana opera numa expansão assustadora. É o momento em que o cérebro é mais criativo, mais ambicioso de suas potencialidades. Tal qual os ossos, que igualmente nesse período necessitam de muito exercício para se expandirem, o cérebro necessita igualmente de múltiplas formas de comunicação para sua plena expansão.

---

[16] Idem, p. 145.

[17] Idem, p. 146.

É aí, justamente, de forma arbitrária, que a escola formal há de mutilar irreversivelmente tais estruturas. O silêncio e a inatividade da fixação do ser, na cadeira escolar, irão dar conta de que tal expansão ocorrerá com limitações estritas.

Todo o conhecimento divulgado na escola faz parte de um receituário equilibrado do que os seus propagadores acreditam ser de fundamental importância em sua formação para a vida social. Em grande medida, esse conhecimento socialmente adquirido pouco mudou desde os primórdios da escola formal, em algum momento do século XIX e hoje.

Mas essa alfabetização castradora, restritiva, impositiva, de uma determinada forma de leitura e de uma correta forma de escritura, é apenas o primeiro passo num universo constritor ao extremo. O conhecimento, como já apontado, consolida uma função sempre regeneradora. Sua forma de divulgação, em espiral,[18] escancara sua função uniformizadora, pois, assim como não é de qualquer forma que se aprende a ler e a escrever, não é qualquer conhecimento que se deve aprender, embora só o fato de a relação ser de ensino-aprendizagem já podemos adivinhar o mecanicismo implícito como princípio.

O termo "aluno" com que serão designados esses seres potencialmente aprendedores e ensinadores, trás, igualmente, uma revelação: "sem luz", eis o pressuposto.

---

[18] Chamada de espiral de Brunner, pois o aluno aprende sempre as mesmas coisas, com graus crescentes de dificuldade.

Tais comprometimentos reivindicam uma outra naturalização. O conceito de "criança" é tão recente quanto a psicologia. **Vamos deixar bem claro: as crianças foram inventadas não para serem amadas, mas para serem submetidas.** Os aportes piagetianos apenas reforçaram essa naturalização. Criança, ser incompleto, em formação, ainda indigno de ser tratado como sujeito de ação, deve ser constantemente tutelado, pelo pai, pelo professor, pelas instituições peculiares à sua condição (puerilcultura). É irrelevante que em sua imensa maioria não sejam entendidos dessa maneira; é apenas uma questão de tempo, até que todas as crianças vivam as experiências de criança, todas com pais, professores, educadores, direitos, deveres, casa, comida, higiene, carinho, afeto, alegria, etc, etc, **desde que se submetam.**

Desnecessário apontar para a anomia desses procedimentos fundantes. E é impossível haver sublimação diante da anomia, pois números numa lista de chamada são tão frios quanto cidadãos cientes de seus deveres e direitos. Seres fadados à materialidade concreta do zero, tabula rasa inarticulada sempre à espera de sua vez, do momento em que terá voz e vez. Então, inclina-se a fazer a mesma coisa, a reinstalar o mesmo procedimento. Teria sido perfeito se esta eficácia se prolongasse indefinidamente. Mas a vida é mudança, reconfiguração, permanência, adesão e luta. Eros e Thanatos, forças da vida e forças da morte em eterna peleja, princípio de realidade e princípio de prazer, pulsão irresistível e imperativa.

Podemos afirmar que o procedimento completo do processo de escolarização se dá por três caminhos: o primeiro diz respeito à uniformidade, à disciplina do tempo que deixa de ser subjetivo e passa a ser objetivamente requerido. Todos devem aprender ao mesmo tempo, as mesmas coisas, nos mesmos lugares.

Para isso, constroem-se prédios adequados, com salas cuja disposição contempla muitas cadeiras prostradas diante de um quadro negro e uma mesa diferente, acima de uma plataforma em que fica o professor.

O segundo e o terceiro procedimentos referem-se ao currículo: o currículo explicito, carregado dos conhecimentos instituídos pela cartilha iluminista, agora esvaziada de seu poder transformador. O currículo oculto refere-se aos procedimentos que nem mesmo os professores têm ciência. Avaliação, disciplina, silêncio, atenção, capacidade explicativa, clareza, boa explanação dentre tantos outros quesitos farão da relação princípio de desigualdade.

Pergunta-se: será que de uma desigualdade presente é possível fazer uma igualdade futura?

A pulsão quando é interna, satisfaz parcialmente como desejo e realização. Durante parte desse bem sucedido processo de expansão, pertencer à família nuclear, submeter-se ao provedor, ingressar na escola e submeter-se ao conhecimento do professor, implicava em ascender ao mundo do trabalho, em repetir o ciclo de sujeição e benefícios. Daí que a adesão das pessoas encontrava um baixo índice de crítica e a instrumentalização do conhecimento era mesmo pragmática, ou seja, uma parte do conhecimento adquirido no período escolar seria utilizado para fazer girar a roda do *status quo*.

O problema era o número de pessoas que ficavam à margem desses circuitos de sujeição e benefícios. A expansão e a maior complexidade da base de consumo de bens supérfluos ganhava, como consequência de sua própria necessidade de expansão, maior visibilidade, o que significou expandir igualmente a base dos argumentos necessários ao pertencimento desse dente da roda do progresso, ou seja, a escola.

O estado burocrático e sua decorrência imediata, ou seja, a organização como experiência singular da sociedade civil (compreenda-se indústria, trabalho e consumo, mas compreenda-se principalmente a estrutura hierárquica horizontal típica das organizações produtivas, o chamado "vestir a camisa"), tem como objetivo primordial expandir a experiência do poder para muitas pessoas. Nesse sentido, é condição necessária, embora não suficiente, para a permanência das condições de desigualdade que o mero sistema de classes jamais conseguiria, dada sua natureza exclusivista.[19]

Ora, expandir as condições necessárias à inclusão de uma maior quantidade de pessoas no interior do sistema de consumo deve ser entendido aqui em sua limitação

---

[19] Talvez demandasse aqui alguma explicação. Modernamente o Estado apresenta-se com uma lógica rigorosa, que pode ser entrevista em sua reconfiguração linear: Estado Absolutista, do Um; Estado Burguês, da classe, portanto de poucos; Estado Burocrático, da competência técnica, de muitos; Estado Democrático, de todos, embora o poder, experimentado agora por todos como dominadores e dominados, ainda esteja reservado a uma privilegiada camada restrita da sociedade.

extrema. A escola passa a ser frequentada por um número maior de indivíduos, anseia-se mesmo para a totalidade das crianças em idade escolar abrigadas em sua estrutura, mas, ao mesmo tempo, fecha-se o ingresso no mundo do trabalho, agora necessariamente mais competitivo. O grau de especialização é elevado a outro teto. Se antes a formação escolar mínima era a alfabetização, agora é o ensino médio. Depois será o curso superior, depois, ainda, a pós-graduação, o mestrado e o doutorado. Antes disso, habilidades em informática, em línguas estrangeiras, enfim, o teto é elevado de acordo com a conveniência que justifique a exclusão de número crescente de indivíduos, de tal sorte que pareça responsabilidade desses mesmos indivíduos o fracasso e a incompetência pela busca da inclusão no sistema de consumo.

A competência, ou melhor, o seu discurso, é eficaz na consolidação da exclusão, pois internaliza valores tanto positivos quanto negativos, capazes de anular a rebeldia e a revolta, por isso o discurso de ser a educação como a única solução para os problemas do país. No fundo, se fôssemos uma sociedade com cem por cento de pessoas com doutorado nas mais diversas áreas, teríamos setenta por cento de doutores jogados nas margens dessa sociedade e trinta por cento agregados aos benefícios produzidos, pois a lógica desse sistema é a desigualdade e não a competência.[20]

---

[20] A título de exemplo, se cada chinês tivesse o que tem cada americano, o mundo entraria em colapso energético imediato. A produção material executada por esta forma de produção é exígua e danosa

À força da repetição qualquer um aprende. E se tem alguma coisa que a fusão da experiência escolar com o mundo do trabalho ensinou para uma grande maioria das pessoas que, geração após geração, vem buscar seu caminho para a inserção no mundo dos benefícios, ainda que prosaicos, que o sistema reproduz, essa coisa é a certeza da não inclusão nesse mesmo sistema. O fracasso é sua rotina. E as poucas exceções apenas confirmam a regra, pois os números refletem esse esvaziamento. Na Itália, dois terços dos alunos são considerados evadidos; na França, quinhentos mil alunos (algo como 61%) deixam a escola sem diploma ou qualificação todos os anos,[21] na Bélgica, um milhão e trezentos mil alunos repetem o ano, enquanto na Suíça, um terço dos alunos até 14 anos estão atrasados na relação idade/série; na Alemanha, um quarto dos alunos do ensino médio repete o ano ao menos uma

---

e foi escolhida por gerar necessariamente desigualdade. Apenas poucos podem "ter". O mercado consumidor brasileiro é da ordem de 68 milhões de consumidores, exatamente igual ao do Canadá e para o sistema global de produção e distribuição de riqueza está perfeitamente adequado. Segundo relatório do PNUD de 1996, "entre 1970 e 1985, o PNB mundial por certo aumentou em 40%, mas o número dos pobres cresceu 17%. Quase 200 milhões de pessoas já viram sua renda (por habitante) diminuir entre 1965 e 1980. Entre 1980 e 1993, esse foi o caso de mais de um bilhão de indivíduos". (Houtart e Polet. **O Outro Davos**. São Paulo: Cortez, 2002, p. 12)

[21] Nestes meses de março e abril de 2008, a França encontra-se em efervescência, já que os estudantes de nível médio protestam contra a demissão de 12.000 professores. A justificativa do estado é que nos últimos quatro anos, 400 mil alunos abdicaram das escolas.

vez em sua vida escolar. Outro dado complementar para a realidade europeia é que 41,7% dos filhos de executivos repetiam a trajetória dos pais, enquanto 63,9% dos filhos de operários também se tornavam operários até meados dos anos oitenta, quando ainda existiam operários.[22] Hoje é mais adequado que os filhos de desempregados também herdarão como atavismo essa condição.

Seria fundamental, para erradicar o pensamento singelo de que o problema da educação é gerado pela incompetência dos professores brasileiros, assistir ao filme *Entre os muros da Escola*, baseado no livro homônimo de François Bégaudeau, lançado no Brasil pela Martins Fontes em 2006.

No filme, um professor enfrenta diariamente o desafio de "ensinar" a meninos e meninas de 13 a 15 anos, descendentes do colonialismo, filhos e filhas de malineses, caribenhos, marroquinos, argelinos, chineses e franceses na periferia de Paris.

Outros dois documentários que podem ser adquiridos do programa TV-ESCoLA, para compreendermos que os problemas da educação não são exclusividade brasileira, são: *Joanna e os tempos da escola* (inglês) e *A lei da escola* (francês). Podem ser pesquisados nos arquivos do programa do Mec sobre vídeos.

Isso acontece quando a desigualdade atinge proporções sem escape, sem alternativas.

Aqui, como lá, o desejo de uma escola separada da vida contemporânea, um mundo de ritos imutáveis, de

---

[22] HARPER, B. et al. **Cuidado Escola!** São Paulo: Brasiliense, 2005, p. 18.

silêncios e imobilidade, com papéis previamente determinados explode em batalhas campais, literalmente. Nesse mundo que se deseja uniformidade, a comunicação artificial não resiste (quem pergunta já sabe antecipadamente a resposta). Nesse mundo que não consegue mais ficar a parte, os conteúdos além de estranhos, não têm qualquer significado ou utilidade para os estudantes, estando completamente desligados da realidade. Ali, o verbal quer ser melhor que o gestual, o intelectual, melhor que o manual e o raciocínio abstrato, melhor que a experiência. E as pessoas não têm aceito mais esses determinismos, pois as promessas que guardam já não se cumprirão.

Assim, professores acabam sendo culpabilizados pelo analfabetismo de seus alunos, restos de famílias incapazes de exercer qualquer poder sobre crianças que só querem da escola um período de lazer, de sociabilidade mínima, gestores que invertem capitais que deveriam chegar ao sistema numa capilaridade de corrupção desconcertante.

Há uma razão não tão grotesca para o fracasso da instituição educacional no momento histórico que experimentamos: tudo muda, mesmo a escola. Sua função precípua, qual seja, formar o cidadão para o estado-nação, quando o próprio estado-nação, ou já cumpriu sua função histórica, ou não cumprirá mais, já não faz mais nenhum sentido. A escola, e por extensão, a educação, deveria pautar-se por novos problemas, inerentes à nossa peculiar historicidade.

O aluno deu lugar ao sujeito que, como tal, devassou o currículo oculto em que apenas resiste o conteúdo, ou seja, o currículo explicito que tomou, por uma mecânica inercial, o lugar do currículo oculto. O conteúdo é o próprio currículo oculto e ainda carrega o fardo da imposição hierárquica. A violência retributiva é o diálogo, ou o discurso, necessário a confrontar-se com esse currículo.

Nossos problemas, hoje, não são mais a consolidação de uma história pátria que todos devem reverenciar; nem tampouco a pronúncia de uma língua castiça atrelada à gramática livresca e morta; a geografia, essa metáfora intransponível do espaço, abstração incongruente que a experiência concreta nega a todo instante, igualmente, poderia e deveria ser erradicada dos bancos escolares; e as ciências todas, seus cânones, pré-requisitos absurdos para um mundo cuja dinâmica é cada dia mais extemporânea e fragmentária, sentida mais como avalanche do que como certeza.

Mas o gesto que humilha é o ensinar, pois nega a alteridade. Talvez, porque seu início esteve enraizado num mal feito danado. No raiar da modernidade, os jesuítas foram os precursores da educação.

> *E em tal natureza vive o "índio", que dela parece absorver os mais diversos elementos. O "índio" é alguém que tem uma relação com a natureza bastante distante da que tem o europeu. A tranquila convivência do gentio com a natureza (flora, fauna, fenômenos meteorológicos) – e com que natureza! – parece estranha e absurda aos olhos do missionário. Como conviver bem com uma natureza tão poderosa e obscura sem estar a ela subjugado (ainda que não o saiba), sem ser meio animal?*

E o corpo é o lugar de inscrição dos aspectos visíveis da animalidade, da escassa humanidade. "Caem já aos índios brutais os brutos braços e pernas" (Anchieta, Feitos, verso 1860, Livro III, p. 125). Corpo que não pode ser deixado à sua própria voracidade, e deve ser controlado segundo estritas regras que freiem e ordenem seu caráter impuro (por oposição à alma, lugar da pureza): "Nós outros lhes mostramos as disciplinas com que se domava a carne, falando-lhes também dos jejuns, abstinências e outros remédios que tínhamos, e que tudo isto fazíamos por não ofender a Deus..." (Anchieta, Cartas, carta ao Geral Diogo Lainez, de São Vicente, janeiro de 1565, p. 304). Jejuns, abstinências, flagelações são formas estranhas e paradoxais de se reprimir a bestialidade do corpo: promovem uma inscrição de sofrimento no próprio corpo, modificam seu aspecto físico por uma alteração de necessidades vitais, afastam tudo aquilo que pudesse "agradar", saciar desejos considerados supérfluos. Mas tudo isso é feito para purificar o homem, para resgatar seus pecados, para chama-lo à razão, aproximá-lo de Deus, salvá-lo

(...) O repúdio ao indígena – à sua animalidade – centraliza-se em três formas de comportamento qualificadas de repugnantes e que seriam comuns a todos os "nativos". São o incesto, o canibalismo e a nudez.[23]

---

[23] NEVES, Luiz Felipe Baêta. **O Combate dos Soldados de Cristo na Terra dos Papagaios**. Rio de Janeiro: Forense/universitária, 1978, p. 54.

A criança inventada pelo mundo burguês será a principal herdeira desses despojos.

Mas, uma criança na idade de ingressar no mundo escolar, já assistiu mais de dez mil horas de televisão em sua curta vida. Opera sistemas comunicativos tão sofisticados que nós, adultos, tendemos a ignorar tais conexões pelo simples fato de não entendermos sua dinâmica nem aceitarmos sua existência. A informação e sua conexão com o mundo é quase que uma exclusividade da visualidade. E a visualidade é infinitamente mais democrática que a escrita.

Há mais, muito mais! Por uma característica muito especial, a experiência social do século XX por aqui, assumiu um caráter crescente de visualidade. No Brasil, e na América Latina como um todo, a experiência social foi produzida sem entraves para a emergência do letramento.

Enquanto por aqui, ainda hoje, alguém que não domine o código escrito vive toda uma vida, trabalha, diverte-se, aposenta-se e morre sem nenhum constrangimento de maior monta, em partes da Europa, no final do século XIX, um sujeito não conseguiria arrumar um emprego sem saber ler e escrever. Por aqui, a experiência social foi eminentemente visual: cinema, televisão, informação, tudo via imagem, fornecendo elementos, tanto para entender o mundo, quanto para conectar-se a ele.[24]

---

[24] Segundo o ENAF, cerca de 75% da população brasileira não domina plenamente o código escrito. Não é incomum que estudantes de avançado grau de estudo sofram quando enfrentam um texto mais difícil. Nos bancos universitários mais sérios a prática de leitura simplesmente está em vias de desaparecer.

Ora, que mundo é esse a que nos ligamos pelo olho? Um mundo que naturalizou a dominação, um mundo de injustiças nunca dantes sentidas, de exclusão crescente. Senão vejamos:

> *A fortuna, em dólares, dos 358 indivíduos multimilionários mundiais é superior a renda anual acumulada pelos 45% dos habitantes mais pobres do planeta (relatório do PNUD, 1996, 2).*
>
> *Se, em 1960, 20% da população mundial, que vive nos países mais ricos, tinha uma renda 30 vezes superior em relação aos 20% dos países mais pobres, em 1995 essa renda era 82 vezes superior* (Le Monde Diplomatique, novembro de 1998, 14).
>
> *Entre 1987 e 1993, o número de pessoas que dispõe de uma renda diária inferior a 1 dólar, aumentou aproximadamente em 100 milhões (rel. PNUD, 1997, 4).*

A iniquidade é revelada por tantos outros meios que quase perde seu poder de chocar. E, no entanto, ainda proclamamos o verbo *incluir*, essa generalidade política cuja hipocrisia não faz corar os mais sensíveis corações satisfeitos.

Mas, afinal, o que a educação tem a ver com tudo isso? Onde primeiramente se instala a iniquidade é justamente na escola, seja pelos que estão fora ou dentro dela, sua função classificatória, hierarquizada, privilegiada, dá conta da geratriz de iniquidade.

Segundo Michael Apple[25], a escola desenvolveu uma rede de ferro para garantir que, antes de tudo, se experimente a desigualdade: o currículo oculto. Que pode ser resumido a três pontos fundamentais: a estrutura da sala, que sempre promove o professor como figura de autoridade, com sua lousa, seu giz, sua mesa e sua cadeira para onde todos, obrigatoriamente, devem voltar-se; o conteúdo, que sempre está distante dos saberes dos alunos, em que o professor faz perguntas cujas respostas ele sabe de antemão; e a avaliação, sempre classificatória.

Pensemos, por um instante, no mito de uma educação para a crítica, argumento que tantos educadores progressistas ou vanguardistas utilizam para ensinar a ler e a pensar aos deserdados de tantas periferias do mundo.

Reflitamos um momento sobre esse tema tão elucidativo. O que vem a ser a crítica? Ponderação? Clarificação sobre determinado assunto? Encontrar sempre um outro lado de uma questão? O pensamento crítico é uma conquista do aprofundamento do conhecimento, da leitura e de uma aplicação instrumental que torna esse leitor ideal? Não! O pensamento crítico envolve uma leitura do mundo para além do véu enganador da ideologia. É enxergar os instrumentais que nos fazem "falar". O pensamento crítico, necessariamente, exige um desvelamento epistemológico, ou seja, das premissas que orientam nosso "aprendizado" do mundo unidimensional.

Verdade, certeza, convicção, adesão, submissão, involuntarismo, falta de escolha ou opção; esses são os

---

[25] Michael Apple é um estudioso dos fundamentos do currículo oculto.

elementos que a crítica deve enfrentar. O estar no mundo é histórico, é político, já que este mundo estava "pronto" quando por aqui chegamos. As instituições, os afetos, as estruturas todas falam por nós. Nossas escolhas virão com o tempo, mas primeiro devemos ser formatados, normatizados, preparados para uma existência nesse mundo unívoco.

A crítica seria a possibilidade de entender tais limitações e se abrir para a pluridimensionalidade dos múltiplos reais, para a potência e para a latência da experiência da liberdade, entendida aqui no sentido mesmo de Spinoza, com a experiência do possível, saber a que se veio. Abraçar a ética monstruosa de todas as variáveis.

Capitalismo, pobre, rico, homem, mulher, criança, cidade, realidade, essas categorias apresentam-se, para nós, como o real. Esse é o filtro de nossa percepção. Não enxergamos além desse filtro e o conhecimento em nada nos auxilia a rompê-lo. A decisão de fazê-lo é uma busca: a busca pelo outro, por uma alteridade que gere encontro. Prenhe de incertezas e ausente de julgamentos, de pré-conceitos. É uma decisão política, daquele que interfere no espaço da realidade, no convívio de uma humanidade reconhecidamente misteriosa.

Se a família ensina a obediência, se a escola ensina a obediência, se o trabalho exige a obediência, a decisão de romper com esse circuito de configurações só pode ser política: relações despidas de hierarquias, propositivamente.

A centralidade da escrita gera hierarquia? O conhecimento gera hierarquia? O professor gera hierarquia em seu papel de dono e transmissor do conhecimento?

As provas e avaliações geram hierarquias? Todas as classificações geram hierarquias? O trabalho gera hierarquia? O pai provedor gera hierarquia? Todas as instituições, afinal, geram hierarquia? Será que ainda vivemos num tempo em que a hierarquia é um elemento ordenador da realidade? Todos os controles serão suficientes para prover alguma ordem social? Quantos mortos são suficientes para garantir alguma ordem? Tomemos por instituições; quantos mortos por balas? Quantos no trânsito? Quantos por doenças? Quantos por fome? Quantos por abandono? Quantos por suicídio? Enquanto as instituições provedoras como a família, a escola, o trabalho estão literalmente em frangalhos, a hierarquia ainda insiste em prevalecer como natural.

Tomemos o mundo do trabalho como exemplo; desregulamentado ao extremo, o que restou está produzindo estratégias cada vez mais sofisticadas para eliminar a hierarquia visível. Os novos trabalhadores corporativos, hoje, são denominados colaboradores, vestem a camisa, sentem-se parte integrante da organização. A hierarquia horizontal foi a solução parcial encontrada para vitalizar o que resta de tempo dessa instituição que reduz seus adeptos constantemente, inexoravelmente.

Localizemos, agora, a escola como discurso e imaginário de instituição geradora de competência em que as estruturas da dominação e, portanto, das hierarquizações estão consolidadas.

Para tanto, pretendo cruzar três elementos aparentemente díspares a fim de refletir sobre a questão central da escola como veículo principal da manutenção do paradigma e de seu plausível discurso da competência. Utilizarei três conjuntos de dados: ampliação de acesso das pessoas à escola, resultados a partir do conceito de analfabetismo funcional e a questão da empregabilidade resultante do que já foi chamado de *liberalização à brasileira*. A questão aqui é desmascarar a funcionalidade escolar como elemento de conquista de cidadania, segundo o último discurso oficial.

Num percurso de 40 anos (1950-1990), a taxa de escolarização da população brasileira passou de 36,2% para 86,9%, contemplando, em 1990, 26.812.800 de pessoas entre os 7 e os 14 anos.[26] Os investimentos públicos para que isso ocorresse têm declinado, de 1989 para 1992, de 4,3% para 3,8% do PIB, algo em torno de 300 bilhões de dólares anuais.

Com todo esse esforço crescente, o percentual de analfabetismo na mesma época (1990) era de 8,8% da população brasileira, segundo dados do IBGE.

Ora, o conceito de analfabeto vem sendo alterado principalmente a partir de meados do século passado. Em 1958, a UNESCO definia como alfabetizada uma pessoa capaz de ler um bilhete simples. Vinte anos depois, a mesma entidade apresentava o conceito de analfabetismo funcional, que escancarava os limites dos sistemas educativos em sua missão de letrar o mundo. No Brasil, desde 2001, o INAF (Indicador Nacional do Analfabetismo Funcional) vem apresentando o desempenho deste indicativo.

---

[26] **Plano Decenal de Educação para Todos**. Brasília: MEC, 1993, p. 110.

De algum modo, podemos inferir daí o desempenho de nosso sistema de ensino, a despeito das avaliações (SARESP, ENEM, etc.) implementadas no mesmo período.

A pesquisa apontou um percentual de 8 pontos para o analfabetismo absoluto entre pessoas de 15 a 64 anos.

Quanto ao analfabetismo funcional, foi dividido em três níveis: 1. aqueles que só são capazes de localizar informações simples em enunciados com uma só frase, num anúncio ou chamadas de capa de revista: 30% da população encontravam-se nesse nível em 2003, contra 31% do ano anterior. 2. aqueles que são capazes de localizar informações em textos curtos. 37% da população brasileira encontram-se nesse grau de alfabetização. Ou seja, se somarmos os três níveis anteriormente expostos, 75% da população brasileira ainda não está inserida na centralidade da cultura escrita e não domina totalmente os seus códigos. Portanto, apenas 25% da população é capaz de usufruir plenamente da habilidade de escrita e de leitura.[27]

Tais números apontam para uma realidade que representa um afastamento da escola idealizada que normalmente frequenta os discursos.

Professores exauridos por jornadas desgastantes, por excessivo número de alunos, por indisciplina perigosa, atulhados por burocracias poderosas, alunos enfastiados com a inutilidade dos ensinamentos escolares, depredan-

---

[27] Segundo dados do MEC, em 1990 apenas 19% da população possuía o 1º grau completo; 13%, o nível médio e 8%, o superior. *In:* **PCN, Introdução**. Brasília: Mec, 1997, p. 21.

do os ambientes como se não fossem públicos, gestores acomodados com o que acreditam não ter conserto.

Pesquisa realizada pela Universidade Federal do Rio de Janeiro, no mesmo período (1990-2001), aponta os efeitos da modernização tecnológica nesta mesma sociedade.

A chamada abertura econômica iniciada por volta de 1990, com toda a estratégia de privatizações e importações, erradicou algo próximo de 11 milhões de empregos. Em números absolutos, ou seja, sem considerarmos a variação populacional, em 1990, 59,42 milhões de pessoas estavam empregadas, enquanto, em 2001 esse número era de 64,42 milhões.[28] Se considerarmos 1,8 milhão de pessoas que entram no mercado de trabalho a cada ano, teremos uma visão do dramático custo social de nossa modernização[29] e do papel da escola neste panorama conjuntural.

Talvez, por isso mesmo, afasto-me de periodizações que apontam as inúmeras tensões das diversas pedagogias que de modo geral influíram (como discurso, pelo menos) na pratica educativa brasileira. Refiro-me às pedagogias tradicional, libertadora, crítico-social dos conteúdos, construtivista, sendo que o que tem prevalecido em nosso

---

[28] A mesma pesquisa revela que foi o setor agropecuário aquele que mais perdeu postos de trabalho e que ainda detem 26% de todo o pessoal ocupado, enquanto em países desenvolvidos esse percentual não passa de 6%. Daí, infere-se que o número de postos de trabalho nesse setor ainda deverá ser em muito enxugado.

[29] **Jornal Folha de S. Paulo**, 18/01/04, p. B 1.

sistema de ensino é a pedagogia em que a figura central é o professor e o ensinar limita-se à *exposição oral dos conteúdos,*

> *(...) numa sequência predeterminada e fixa, independentemente do contexto escolar; enfatiza-se a necessidade de exercícios repetidos para garantir a memorização dos conteúdos. A função primordial da escola, nesse modelo, é transmitir conhecimentos disciplinares para a formação geral do aluno, formação esta que o levará, ao inserir-se futuramente na sociedade, a optar por uma profissão valorizada. Os conteúdos de ensino correspondem aos conhecimentos e valores sociais acumulados pelas gerações passadas como verdades acabadas e, embora a escola vise à preparação para a vida, não busca estabelecer relação entre os conteúdos que se ensinam e os interesses dos alunos, tampouco entre esses e os problemas reais que afetam a sociedade. Na maioria das escolas essa prática pedagógica se caracteriza por sobrecarga de informações que são veiculadas aos alunos, o que torna o processo de aquisição de conhecimento, para os alunos, muitas vezes burocratizado e destituído de significação. No ensino dos conteúdos, o que orienta é a organização lógica das disciplinas, o aprendizado moral, disciplinado e esforçado.*[30]

---

[30] **Parâmetros Curriculares Nacionais**. Brasília: MEC, 1997, p. 40.

Esse repertório tradicional está vitalizado na escola brasileira. Os livros didáticos são prova cabal desta afirmação, supondo que ainda grande parte de nosso professorado guia-se pelo sumário para elaborar os planejamentos anuais.

Retomemos o problema central deste ensaio. A alfabetização, hoje, deve ser entendida a partir de duas vertentes distintas: sua necessidade social e suas consequências advindas de uma mudança nas estruturas cerebrais, ou seja, alfabetizar implica numa metodologia que impõe formas de leitura.

Antes mesmo que novos avatares de uma propedêutica, só aparentemente objetiva, escaneiem sua racionalidade, seria melhor invocar os primórdios da escrita entre nós, quando seus objetivos eram explicitados com total despudor e não tinham que escamotear as funções desta atividade com as cores da habilidade e da competência, raiz da melhoria de vida no universo liberal.

Quando, em meados do século XVI, os jesuítas enfrentaram os desafios da redução de homens livres à condição de colonizados, sua primeira atitude foi realizar a gramaticalização das línguas indígenas.

José de Anchieta, o mais prolixo "linguista" desse tempo, expressa-se nesses termos:

> *Parece-nos que estão as portas abertas nesta capitania para a conversão dos gentios, se Deus Nosso Senhor quiser da maneira com que sejam sujeitados e postos sob o jugo. Porque, para esse gênero de gente,*

> *não há melhor pregação que espada e vara de ferro, na qual, mais que em nenhuma outra, é necessário que se cumpra o* compelle *e os* intrare.[31]

Se há dúvida que a educação anda, por esses tempos, de mãos dadas com a espada e com a vara de ferro na intenção de *reduzir* o gentio, então vejamos um dos muitos "catecismos" elaborados para essa finalidade. Em *Catecismo da lingoa brasílica*, Antonio de Araújo iguala-se nos propósitos de preparar uma gramaticalização da língua tupi:

> Quam necessario pêra *a conversão seja este meio, mostrou bem o Mestre & Autor delle, quando antes de meter nas mãos de seus Apóstolos a execução della lhes concedeo primeiro o dom das lingoas.* Loquebantur variis linguis. *Porque como a notícia dos altíssimos mystérios da fé (tão importante para a salvação) não tenha entrada no interior da alma, salvo pela porta do ouvido:* Fides ex auditu, *e o que por esta mete dentro, he a palavra do filho de Deos.* Auditus autem per verbum dei: *quem duvida que a comunicação desta divina palavra se há de fazer por* meyo da lingoa daquelle *a quem pretendemos reduzir.*[32]

---

[31] DAHER, Andréa. Cultura escrita, oralidade e memória: a língua geral na América Portuguesa. *In:* Pesavento, S. J. [Org.]. **Escrita, Linguagem, Objetos**. Bauru: Edusc, 2004, p. 17-42.

[32] ARAÚJO, A. **Catecismo na Lingoa Brasílica**. Rio de Janeiro: PUC, 1952, p. 5 (ed. fac-símile).

E assim, será uma vez mais Anchieta quem consagra a escrita como uma das formas mais indicadas para a sujeição desse gentio bravio:

> *...quase todos (os meninos) vêm duas vezes por dia à escola, sobretudo de manhã, pois de tarde todos se dão à caça ou à pesca para se darem sustento; se não trabalham não comem. Mas o principal cuidado que temos deles está em lhes declararmos os rudimentos da fé, sem descuidar o ensino das letras; estimam-no tanto que, se não fosse esta atração, talvez não os pudéssemos levar a mais nada...*[33]

Outros sinais, numa diacronia que atualize nosso repertório classificador da escrita como forma de poder, podem ser apresentados.

Em 1835, o General Abreu e Lima publica seu *Bosquejo histórico, político e literário do Brasil*, do qual podemos selecionar esta passagem que, a guisa de exemplo, sugere como uma das funções da escrita a adequação ao estatuto constrangedor do exercício das funções públicas, portanto é de obediência que se trata:

> *Temos muitos advogados, muitíssimos cirurgiões, e muitos mais aspirantes a lugares na magistratura; e, sem embargo, todos os dias pedimos a Deus, nos livre de que a nossa honra, a nossa vida e a nossa*

---

[33] DAHER, A. (op. cit.), p. 35.

> *fazenda passem por semelhantes mãos. A classe mais útil, a classe mais interessante, aquela que constitui o Estado, jaz toda na mais completa ignorância; queremos cadeiras e mais cadeiras, cursos e mais cursos, prebendas e mais prebendas, e não temos uma escola normal em nenhum ramo da pública utilidade.*[34]

Embora o conceito de Escola Normal tivesse aparecido durante o ano III da Revolução Francesa, sua função como formadora de uma classe de professores capazes de pedagogizar o cidadão terá força maior que a de um projeto de Estado apenas depois da restauração, em 1817.[35]

Assim podemos entender o vaticínio de Warren Hastings:

> *Toda acumulação de conhecimento e especialmente a que é obtida pela comunicação social com pessoas sobre as quais exercemos poder...é útil para o Estado.*[36]

---

[34] LAJOLO, M. & Zilberman, R. **A Formação da Leitura no Brasil**. São Paulo: Ática, 1998, p. 163.

[35] HÜLTENSCHIMDT, Érika. L'Ecole Normale de L'Na III. Une Utopie Encicloediste. *In:* Espagne, M e Wener, M. **Philologiques, I. Contribuitions à L'Histoire de Disciplines Littéraires em France et em Allemagne au Xixe Siècle**. Paris: Ed. De la Maison dês Sciences de l'Homme, 1990, p. 105.

[36] BURKE, P. **Uma História Social do Conhecimento**. Rio de Janeiro: Zahar, 2003, p. 109.

Deixa de ser contraditório, portanto, a vinculação da maior expansão do conhecimento efetivada com o Iluminismo e o aparecimento de uma escola laica e universal, controladora da mecânica da alfabetização silábica. Forma e conteúdo alinhavam-se para um fim preciso: conhecimento é poder e se é poder, sua função primordial será hierarquizar pessoas.

Vale lembrar nesse momento, como contra censo, o esforço de Joseph Jacotot, esse pedagogo francês da época da revolução que "cria" um método para que pais analfabetos alfabetizem seus filhos sem, contudo, adquirirem a prática da leitura eles próprios. Como afirma Ranciere:

> *Na França dos anos 1830, isto é, no país que havia feito a experiência mais radical da Revolução e que, assim, por meio da instituição de uma ordem moderna razoável, a instrução tornava-se uma palavra de ordem central: governo da sociedade pelos cidadãos instruídos e formação das elites, mas também desenvolvimento de formas de instrução destinadas a fornecer aos homens do povo conhecimentos necessários e suficientes para que pudessem, a seu ritmo, superar a distância que os impedia de se integrarem* pacificamente *na ordem das sociedades fundadas sobre as luzes da ciência e do bom governo.*[37]

---

[37] RANCIERE, J. **O Mestre Ignorante**. Belo Horizonte: Autêntica, 2002, p. 10.

Se esse propósito da escrita estava tão claro para os exércitos simbólicos que antecederam a ideologia impregnada pela escolarização do Estado-Nação, sua necessidade social e as modificações implementadas nas sinapses cerebrais ainda consistem dois elementos que merecem nossa atenção.

Comecemos, então, pelo segundo caso. Quais as consequências desse processo invasivo nas estruturas do cérebro? Somente podemos pensar nessa dimensão a partir dos estudos produzidos por Piaget e, mais especificamente, por uma aluna sua, Emilia Ferrero, já que antes a percepção que se tinha era de uma ação mecânica entre ensino e aprendizagem. Quando falhava o aprendizado, era culpa do aluno, premido por carências materiais graves.

O trabalho de Emilia Ferreiro abriu perspectivas que devem ser exploradas com atenção se queremos avançar neste campo tão sinuoso que trata dos comprometimentos da alfabetização.

Seu livro *Psicogênese da língua escrita*, publicado no Brasil em 1986, pode nos fornecer pistas interessantes sobre esse percurso da alfabetização nas funções cerebrais. Publicado primeiramente na Argentina com o título de *Los sistemas de escritura em el desarrollo del nino*, em 1979, a obra trata basicamente de investigar como a escrita se constitui em processo de conhecimento para a criança. Para tanto, a pesquisadora teve que mudar o foco da questão que se colocava até aquele momento. De "como se deve ensinar a ler e a escrever?" para "como se aprende?". Tal mudança de enfoque revolucionou as questões relativas à alfabetização. Afirmava que o aprendiz precisa pensar sobre a escrita para se alfabetizar e que esse pensar vinha contextualizado por uma vivência no mundo da escrita anterior à alfabetização. Portanto, que não cabia à escola a única responsabilidade pela alfabetização, mas de um mundo em que o letramento insidia, em maior ou menor grau, no universo do aprendiz.

Até aquele momento, início dos anos 1970, o fracasso na aquisição da leitura e da escrita era reportado a deficiências de ordem psiconeurológicas. Acreditava-se que havia uma espécie de "prontidão para a alfabetização" nos alunos, nome que se dava para uma série de habilidades perceptuais sem as quais nem mesmo valia a pena ensiná-los. Tal prontidão era fruto de uma maturidade inerente ao próprio aluno, daí que a culpa do fracasso da alfabetização era igualmente dele. Classes especiais foram colocadas à disposição para a correção necessária e o aguardado amadurecimento deveria produzir-se a partir desse apartamento. Então, acreditava-se que havia uma relação orgânica entre ensino-aprendizagem e não como dois processos absolutamente distintos.

Podemos inferir, já, um primeiro axioma: o aluno deveria possuir certos requisitos, digamos, cerebrais, certa adequação que o capacitava aos efeitos igualmente cerebrais da alfabetização.

Emilia Ferrero demonstrou que o problema da alfabetização não era perceptual, mas conceitual: o aluno "pensa" sobre a escrita e a leitura e a leitura social que ele traz contribui para facilitar ou retardar o aprendizado. Até então, supunha-se que o professor fosse o único gestor de todo o processo, que ensinava as letras e sílabas, depois o som e, a custa de muita repetição, aguardasse a memorização de todo o processo até a sedimentação plena que possibilitava a aquisição da leitura e da escrita. Quanto àqueles alunos que não aprendiam, restava o tratamento clínico, psicológico ou psicopedagógico.

Tais pressupostos nos impõem problemas adicionais. Antes dessas pesquisas, os alunos eram tratados como *tábula rasa*, que devia ser preenchida por uma ordenação processual rítmica, cujos traços mais contundentes demandam etapas contingentes vigorosas: letras que se juntam a outras letras e formam sílabas, sonorizações correspondentes e memorização, num ciclo ascendente, tão poderoso, que em algum momento do processo tal metodologia se impõe e emerge como um fato: a aquisição da leitura e da escrita. Para aqueles incapazes de submeter-se ao processo, classes especiais no aguardo do momento ideal, ou tratamento neurológico.

A própria leitura posterior cumprirá etapas de sedimentação. O que se lê acaba por submeter-se ao como se lê. As ramificações desse processo são tão insidiosas que nos esquecemos completamente das dificuldades de tal aquisição. Trauma? Sofrimento?

Mas há mais. Tal processo implica numa convergência inexorável: a instituição que a produz é por definição normatizadora de certos comportamentos sociais. Não somente o processo de alfabetização há de conformar, mas a leitura que daí advem, há de completar o processo: "não há de ler o que quiseres da forma que desejares, lerás com julgamento e adequação e te sentirás mal por tudo que é nojento, infame e cruel!". Tal vaticínio parece ecoar desse processo uniforme.

Ora, isso nos leva para o primeiro ponto que deve ser ressaltado: sua necessidade social, que está intrinsecamente ligada às questões indiretas que Emilia Ferrero apontou: o aluno, ao cabo e ao final, é sujeito de ação, portanto decide, interage, comunga, recusa. Não é "aluno"!

Uma das mais importantes conclusões do trabalho da pesquisadora foi que não havia desníveis de possibilidade de aprendizagem entre alunos oriundos de classes empobrecidas e de classes socialmente menos precárias; o que havia era uma inserção maior no mundo da escrita e da leitura e um afastamento gradual desse universo social favorável.

Ora, ficaram de lado todas as carências, a autoestima danificada daqueles cujo peso da desigualdade mais maltrata e daqueles cujo preconceito inscreve-se como uma fatalidade em seu cotidiano.

Esse oportunismo marca o trabalho da pesquisadora, que ocorre justamente num momento de maior expansão da base educacional. Com a LDB de 1971, um grande contingente de alunos oriundos das chamadas classes menos favorecidas tiveram acesso ao mundo da escola formal, necessidade de um modelo econômico que se ampliava rapidamente conhecido, então, como "milagre econômico". Sua pertinência social e histórica deve ser ressaltada, já que as pressões funcionavam como contingentes importantes a demandarem a sincronicidade de respostas adequadas do poder.

Isso nos leva a uma reflexão fundamental. Embora incorporado aos parâmetros curriculares nacionais desde 1996, os estudos relativos à alfabetização não contribuíram para uma maior eficácia nos quadros demonstrativos de nosso sucesso pedagógico. Em 2006, o fracasso da alfabetização é muito mais gritante do que naqueles primórdios dos anos 1970. Qual seria a razão?

Resgatar a historicidade da visualidade em nossa construção cultural muito pode contribuir para essa reflexão.

Na França, por exemplo, ainda no final do século XIX, era impossível que um analfabeto conseguisse sobreviver. Eram tantas as exigências que praticamente toda a população em idade apta para o trabalho sabia ler e escrever. Fruto de um projeto de dominação que carecia de erradicar, por intermédio da escola, dentre outras instituições, as tensões sociais, mais uma referência de que a alfabetização, ao contrário de ser libertadora, ou de potencializar a crítica, era vista nesse período como conformadora. Na América Latina deu-se caminho inverso.

Com tensões sociais distintas, a alfabetização, por aqui, foi deixada de lado, não porque se quisesse uma população convenientemente analfabeta, o que facilitaria o domínio, coisa que mais de trezentos anos de dominação havia habilitado essas elites no trato com os homens e mulheres subalternizados por uma estrutura cartorial e simbólica historicamente eficaz.

Desde o raiar da república investiu-se na visualidade. O cinema mudo invadiu as cidades e, acessível, levou os crescentes contingentes humanos urbanos a um entretenimento sadio que prescindia de alguma chave cultural para ser compreendido. Quando o cinema falado se expande, serão os musicais americanos que levarão multidões às salas de cinema, enquanto por aqui, Mazzaropi e a experiência das chanchadas, cumprem sua função integradora e depois, já nos anos 1950 e 1960, a televisão ocupará o espaço de supremacia visual, conectando, paulatinamente, o homem ao mundo, aos desejos, aos produtos e às informações necessárias para sua satisfação estupefaciente.

Como já apontado acima, nenhuma trava social importante foi estabelecida para forçar a alfabetização de grandes contingentes. A escola anterior e posterior aos anos iniciais da década de 1970 serviu sempre para instrumentalizar uma pequena parcela da população, identificada com os mantenedores do sistema, seja de trabalho, seja de consumo. Foi sempre uma "naturalização" da reprodução do poder.

Porém, da perspectiva daqueles que sofreram suas intervenções, ela (a escola e seus derivados políticos, tais como a alfabetização) sempre esteve ligada como componente necessário (e suficiente) para abarcar o mundo do trabalho intelectual a que estavam "destinados". Os anos que se seguiram a essa expansão da base da escolaridade, também viram escassear o mundo do emprego. Então, dizia-se, a competitividade havia expandido na mesma proporção; já não era mais tão necessária apenas a escolaridade. Com o neoliberalismo, passou a ser fundamental enfrentar os problemas do analfabetismo digital, o domínio de outras línguas, enquanto aqueles que haviam cedido à promessa da inclusão pela via da escolarização, viam-se crescentemente excluídos do mundo do trabalho, de tal sorte que de posse, por um lado, de instrumentos capazes de conectar-se com o mundo da informação e desacreditados das promessas da educação formal, os contingentes que se viam obrigados a frequentar as salas escolares simplesmente fizeram sua opção em recusar a oferta da alfabetização, ainda que involuntariamente, movidos pelo exemplo daqueles que cederam e viram-se colocados à margem pelas novas exigências.

A escola passa, então, a constituir-se num centro de sociabilidade e lazer mais do que num local de estudo e aprendizagem. Porém, pela visão dos gestores educacionais, essa mesma escola passa a ser entendida como um depósito de gente que, enquanto ali estão, ficam longe dos apelos à violência e à marginalidade (daí a necessidade de abolir a reprovação, para além dos acordos internacionais e seus aguardados financiamentos).

Já não acreditam em processos de recuperação ou de salvaguarda de um mínimo de esperança para todo esse contingente humano. A reprodução do sistema, agora, dá-se pela diferença entre a escola privada e a pública. É na escola particular (embora não em todas, obviamente) que a parcela necessária para a reprodução encontrará seu lenitivo formador. As exceções somente confirmam a regra. A recente divulgação de escolas públicas em que o estudo é funcional apenas reforça a ideia da exclusão sistêmica.

Exemplo bizarro dessa degeneração pode ser lido em reportagem impressa no jornal Folha de S. Paulo sobre a classificação no Enem, essa avaliação institucional que contempla todo antagonismo e todo o paradoxo desse tempo de confusão. Na pág. C4 da edição de sábado, 5 de abril de 2008 o destaque: "Colégio critica Enem e diz que ação social afetou nota na prova". Segue esta pérola: "À noite, São Luis dá aulas a estudantes carentes do ensino médio; instituição ficou em 75º lugar no exame do MEC"; e mais abaixo: "Escola diz que, se levar em conta só as notas dos alunos da manhã, que pagam R$ 1.200 mensais, ficaria entre as 20 melhores de SP".

O que resta a esse enorme contingente de desesperançados que superlotam os sistemas de ensino quer das grandes, quer das pequenas cidades brasileiras?

A questão é relevante na medida em que um grande número de educadores necessita de cumprir uma função menos odiosa que a de reproduzir a lógica de iniquidade que o sistema prenuncia.

Retomemos, por instantes, a função tanto da escola quanto de seu produto, seja a alfabetização, seja a reprodução de conhecimentos socialmente produzidos: produzir desigualdade entre as pessoas: esta é a função da instituição. Produz desigualdade quando nega ao outro a capacidade de escolha, quando impõe ritmos de aprendizados, quando classifica, quando reprova ou ignora, e até mesmo quando decreta o seu fim e transfere para a esfera privada o descaramento da reprodução dos beneficiados do sistema.

Outro ponto é nos indagarmos se esse sistema, em sua cruel atualidade, tende a ser menos injusto e a produzir, no futuro, uma expansão real de seus beneficiários? Penso que não! Essa forma de produção de riqueza é danosa e limitada a uma pequena minoria. O que fazer, então?

> *Excluem-se da escola os que não conseguem aprender, excluem-se do mercado de trabalho os que não têm capacidade técnica porque antes não aprenderam a ler, escrever e contar e excluem-se, finalmente, do exercício da cidadania esses mesmos cidadãos, porque não conhecem os valores morais e políticos que fundam a vida de uma sociedade livre, democrática e participativa.*[38]

Nossa ambiguidade entranhada ainda faz valer sua influência e agora vai mais longe. Oferecemos escolas à população, mas ali não mais se aprende a ler, a escrever. Formamos aos milhões os nossos jovens para um mercado de trabalho que já não os absorve. Mercantilizamos a educação superior, levando milhões a frequentar cursos de tudo quanto se imagina para, no fundo, justificarmos a saturação do mercado de trabalho.

Isso não significa dizer que a mudança é impossível e que todos os esforços aqui relatados são estratégias maquiavelicamente construídas para o engodo e a manipu-

---

[38] BARRETO, Vicente. **Ensinar e Aprender. Impulso Inicial.** São Paulo: Imprensa Oficial, s/d, p. 9.

lação. Para que essas mudanças se concretizem, havemos de enfrentar as cristalizações.

Conforme reportagem na revista *Nova Escola*, que sob muitos aspectos representa a voz do Ministério, o trabalho escolar deve se escorar não mais em conteúdos pré-definidos, mas em competências:

> *O ensino por competências é apenas a ponta mais visível de uma mudança radical de conceito. Esqueça a história de que ir à escola é dever de toda criança e que lá ela vai encontrar um professor pronto a lhe ensinar conteúdos pré-definidos. O que vale agora é o direito que todo cidadão tem de aprender. E por aprender entenda-se não só o currículo, mas a capacidade de construir a própria vida, relacionar-se com a família, os amigos, os colegas de trabalho. A competência é o que o aluno aprende. Não o que você ensina.*
>
> *É por isso que os projetos didáticos ganham força nesse cenário. Pense em qualquer tipo de projeto: reciclagem, jornal escolar, criação coletiva de um livro, campanha de saúde, etc. Todos exigem trabalho coletivo, planejamento das etapas, pesquisa em várias fontes, capacidade de síntese e diferentes técnicas de apresentação, ou seja, uma oportunidade para desenvolver diversas competências. "É a melhor forma de desconstruir a cultura antiga, pois não dá para trabalhar assim só com uma disciplina" analisa Carlos Jamil Cury, do Conselho Nacional de Educação. Segundo ele, um bom jeito de começar a mudar é, no*

início, tocar um projeto por semestre. Em seguida, dois, Mais tarde, três. "Sem pressa fica mais fácil criar uma cultura".

O fórum De Escola Para Escola, do Ministério da Educação, reúne experiências desse tipo. "Selecionamos trabalhos que partem de situações reais, sempre envolvendo professores de diferentes disciplinas", explica a diretora de Ensino Médio do ministério, Maria Beatriz Gomes da Silva. Sofre mais para absorver o novo conceito quem trabalha só com o livro didático, acredita Eny Maia, secretária municipal de Educação de São Paulo e coordenadora dos PCN do Ensino Médio. Segundo ela, "ele impede que o professor pare de refletir sobre os conceitos básicos da disciplina e, consequentemente, sobre que competências precisa desenvolver nos alunos".[39]

Para que tal aconteça será preciso mais do que leis, investimentos, discursos, propaganda, vontade política. Porque não é sem pressa "a melhor forma de desconstruir a cultura antiga", como afirma Carlos Jamil Cury. A "cultura antiga" refere-se a interesses ideológicos, econômicos, acadêmicos e outros mais. Em grande medida, os apelos à educação como forma de subverter as mazelas sociais são o maior escudo a obstacularizar estas mudanças, pois alimentam cotidianamente esta "cultura antiga", amparados por uma inércia que congrega as suas principais formas

---

[39] **Revista Nova Escola. Especial do Ensino Médio**. São Paulo: Ed. Abril, agosto de 2002, p. 5A

de reprodução: as universidades, formadoras de professores, as escolas e seus diretores conservadores, pouco afeitos a mudanças que desorganizem seus ambientes de trabalho, a professores exaustos e desconfiados do insistente discurso da mudança, a pais que viram inúmeras alterações das rotinas escolares serem responsabilizadas pelo fracasso de seus filhos.

Se a questão for pertinente, só nos resta, a nós educadores, uma saída honrosa: produzirmos relações no interior das escolas que não sejam pautadas pelos princípios da desigualdade, portanto, relações respeitosas entre sujeitos plenamente históricos, reconhecedores dos limites que a promessa da inclusão ofusca.

Devemos nos conscientizar que a escrita difunde o poder.

Ampliando a famosa frase de Paulo Freire: "Ninguém educa ninguém, como tampouco ninguém se educa a si mesmo: os homens se educam em comunhão, mediatizados pelo mundo", Maria Helena Martins enuncia:

> *Os estudos da linguagem vêm revelando, cada vez com maior ênfase, que aprendemos a ler apesar dos professores; que, para aprender a ler e compreender o processo da leitura, não estamos desamparados, temos condições de fazer algumas coisas sozinhos e necessitamos de alguma orientação, mas uma vez propostas instruções uniformizadas, elas não raro causam mais confusão do que auxiliam.*[40]

---

[40] MARTINS, M. H. **O Que é Leitura**. São Paulo: Brasiliense, 1994, p. 12.

E, mais adiante, complementa, com sensatez:

Quando, desde cedo, veem-se carentes de convívio humano ou com relações sociais restritas, quando suas condições de sobrevivência material e cultural são precárias, refreando também suas expectativas, as pessoas tendem a ter sua aptidão para ler igualmente constrangida. Não que sejam incapazes (salvo pessoas com graves distúrbios de caráter patológico). A questão aí está mais ligada às condições de vida, a nível pessoal e social.[41]

As escolhas e potencialidades não cessam aí. Também é preciso apontar que existe uma contabilidade própria que estende a ideia de Paulo Freire quando afirma que "a leitura do mundo precede sempre a leitura da palavra e a leitura desta implica a continuidade da leitura daquele". Ora, hoje o mundo pode ser "lido" de tantas maneiras que as exigências da leitura e da escrita, para muitos e sobre muitos aspectos, tornaram-se desnecessárias, recebidas apenas como imposição escolar. Afinal, as pessoas, todas elas, também fazem escolhas.

Vamos nos aprofundar mais no segundo ponto, a questão da visualidade.

Nessa etapa, ofereço alguns fragmentos que podem ser livremente interpretados:

---

[41] Idem, p. 18.

Um jovem que esteja às portas da Universidade terá aprendido as artes do cálculo e da expressão verbal. É muito provável que esse jovem só tenha conhecimento de preconceitos românticos e espontaneístas que definiriam a produção de imagens. Diante de imagens, ele é um consumidor, mas não terá adquirido, na escola, um saber que explique o que fez dele objeto da ação de imagens. Por imagens ele opta quanto ao que escolherá para compra; as fotos de jornal parecem-lhe expressão testemunhal definitiva da qual ele não duvida. Surpreendentemente, a imagem é encanto e enigma.[42]

A trajetória da visualidade no Brasil pode ser rapidamente recuperada nesses termos. Nos princípios do século XX, o cinema mudo foi atração urbana de baixíssimo custo. Quase todas as cidades brasileiras instalaram um cinematógrafo que passou a atrair multidões.

Quando a fórmula se esgotou, por volta dos anos 30, o modelo de diversão de massas foram os filmes musicais norte-americanos tão bem adaptados pela Vera Cruz em seu projeto.

Em fins dos anos 1960, a televisão tem um impulso avassalador, com o regime militar patrocinando a expansão da rede globo para todo o território nacional.

O resultado desse processo é que no Brasil a apreensão do mundo foi sempre facilitada pela visualidade.

---

[42] NEIVA, Eduardo. Imagem, história e semiótica. *In:* **Anais do Museu Paulista**. Nova série, nº 1, 1993. p. 12

Uma pessoa que não seja alfabetizada, nessa trajetória do século XX, cresceu, trabalhou, casou-se, teve filhos, envelheceu, aposentou sem encontrar obstáculos à sua vida.

Nessa entrevista com a educadora Telma Weisz, criadora dos Parâmetros Curriculares Nacionais de Língua Portuguesa de 1ª a 4ª séries e consultora do MEC para projetos de formação de professores, publicada na revista Escola, ano XV, nº 129, janeiro e fevereiro de 2000, alguns trechos são esclarecedores e demonstram como o gestor educacional pensa e age:

> Pergunta: *Existe diferença entre aprender a ler e ser alfabetizado?*
> Telma: *Há cerca de trinta anos, alguém que dominava a capacidade de decodificar, que reconhecia letras e palavras, ainda que não fosse capaz de ler e usar a escrita de uma forma útil para sua vida, estava dentro do chamado analfabetismo funcional. A pessoa fazia as primeiras quatro séries do Ensino Fundamental e, no final, só sabia assinar o nome, tomar um ônibus ou, quem sabe, ler um bilhete. Mas ela não era um usuário da escrita e na vida cotidiana não conseguia extrair sentido das palavras nem colocar ideias no papel por meio do sistema de escrita, como acontece com quem realmente foi alfabetizado.*
>
> Pergunta: *O que a senhora acha das classes de alfabetização, prévias à 1ª série?*
> Telma: *Essas classes, que funcionam em muitos Estados do Norte e do Nordeste, seguram os alunos*

fora do ensino regular até que eles aprendam a ler. Isso é um crime. Há crianças com idade para estar na 3ª série que continuam nessas classes. A 1ª série tem de ensinar a ler, se a criança ainda não tiver aprendido. Caso não consiga, o trabalho deverá continuar na 2ª série. Nós, professores, temos a obrigação de dar mais ensino ao aluno que precisa. A escola é o lugar onde as pessoas são ensinadas, e se não aprendem, a culpa não é delas.

Pergunta: *Como ensinar melhor, então?*

Telma: *No caso específico da alfabetização, Emilia Ferreiro mostrou como todos nós damos os primeiros passos no mundo da escrita e como as ideias vão sendo progressivamente transformadas pelo próprio esforço de entender esse sistema. Ela provou que o conhecimento é construído. Sabendo disso, o professor deve observar os trabalhos de seus alunos e entender em que momento do processo cada um está. Só assim será possível oferecer o ensinamento correto. A alfabetização tradicional não leva em conta o conhecimento que cada criança domina. Trata doas como iguais e ocas, um vazio a ser preenchido.*

Pergunta: *Essas ideias sobre a alfabetização foram desenvolvidas por Emilia Ferreiro há vinte anos. Elas continuam sendo as mais avançadas?*

Telma: *Na área da aquisição da linguagem escrita, nada foi construído depois. Não se faz uma revolução conceitual todo mês. É uma mudança de paradigma que acontece em intervalos de tempo muito grandes. Quando li* Psicogênese da língua escrita, *tive a sensação de estar diante de um acontecimento histórico.*

Pergunta: *A senhora foi uma das divulgadoras dessas ideias no Brasil! Que impacto elas produziram nessas duas décadas?*

Telma: *No começo dos anos 80, esses conceitos entraram no país diretamente via escola pública, graças ao esforço de um grupo de pessoas que viam neles um instrumento poderoso para ajudar as crianças a superar uma tradição de fracassos. Pensávamos que apenas anunciando a boa nova provocaríamos uma grande transformação. Isso de fato ocorreu na rede estadual de São Paulo e em Porto Alegre. No resto do país, a mudança está sendo lenta, por causa de sua própria natureza, mas também não está tendo a profundidade que deveria. Muitos professores conhecem as ideias de Emilia, mas isso não se reflete em sua prática de sala de aula. É preciso penetrar no que eu chamo de imaginário profissional do professor para impulsionar uma modificação significativa.*

Pergunta: *Como fazer isso?*

Telma: *É essencial mudar a formação dos professores. Recentemente, conseguimos reconhecer que a escola produz analfabetos. Falar isso há dez anos gerava um desconforto insuportável. A escola que reprovava muitos alunos era vista como boa. Hoje, como incompetente. A função da escola é ensinar. Só que muitos professores que estão formando os novos colegas não sabem desenvolver uma prática diferente da apresentada na cartilha. Já existe uma proposta de prática pedagógica testada e avaliada. A diferença em relação à cartilha é que ela não pode ser oferecida aos estudantes de Pedagogia no formato de um método do tipo "faça isso e aquilo". Essa nova proposta exige que o professor pense, reflita sobre seu trabalho. Os estudantes leem textos sobre Emilia Ferreiro na universidade, mas têm orientações mínimas, absolutamente insuficientes, sobre o que fazer em sala de aula. Quando chegam à escola para lecionar, acabam se pautando pela tradição. O que guia suas mãos é a prática de quem os formou – do jeito errado.*

Pergunta: *Por que é tão importante ser alfabetizado?*

Telma: *O domínio da leitura e da escrita está diretamente relacionado à progressão da escolaridade, que, por sua vez, está diretamente ligada à cidadania. O mundo do analfabeto é muito pequeno. Quem tem acesso a notícias apenas via televisão, tem menos condições de exercer a cidadania, no sentido de conhecer seus direitos e deveres, do que quem lê jornais, revistas e livros. Sem falar na internet, o meio de comunicação mais avançado, que tornou novamente fundamental o conhecimento da escrita. A questão da cidadania passa pelo direito à informação e pela possibilidade de ter voz. E a voz, nesse caso, é a escrita.*

Pergunta: *A questão chave, assim, é a cidadania:*

Telma: *Sim, mas não é a única. Existe uma pressão social para aumentar e melhorar o acesso à educação. Há trinta anos era possível sobreviver no mundo do trabalho com um parco conhecimento da escrita. Quantas pessoas que não sabiam ler estavam à nossa volta, nessa época? E hoje? Viver sem ser alfabetizado é impossível num mundo em que os anúncios de emprego pedem faxineiro com Ensino Médio completo.*

Seria importante ampliar o problema. Em texto publicado no jornal Folha de S. Paulo, em 7 de março de 2004, caderno C, pg. 8, Gilberto Dimenstein tratava do chamado Clube dos 20%:

Um exemplo da ignorância do brasileiro foi divulgado na semana passada e dá ensejo a uma aula de educação a partir de um caso de corrupção.

Há mais de duas semanas, quase não se fala de outra coisa na mídia que não seja o caso Waldomiro Diniz. É rigorosamente impossível abrir um jornal ou uma revista, ligar o rádio ou a televisão, ou mesmo acessar a internet sem esbarrar nas denúncias de falcatruas que envolvem o governo Lula.

Pesquisa Datafolha, publicada na quarta-feira, informou que, apesar de todo esse estardalhaço, apenas 21% dos brasileiros sabem quem é Waldomiro Diniz. Dos entrevistados, 53% nem sequer tinham ouvido falar do ex-assessor do ministro José Dirceu.

Essas percentagens indicam extraordinária semelhança com o nível de educação do brasileiro – e mostram o tremendo desafio que é a qualificação do eleitor.

Um dos mais sérios estudos sobre o analfabetismo funcional – condição em que se encontra quem não entende o que lê – é o realizado pelo Instituto Paulo Montenegro em parceria com a Ação Educativa.

Não é coincidência o fato de que, segundo o estudo, realizado com base em pesquisas feitas em todo o país, apenas 25% dos brasileiros com mais de 15 anos dominam plenamente a leitura e a escrita. Acrescente-se a isso mais um dado para entender por que tão poucos demonstram habilidade de ler e entender, condições primárias da cidadania: 20% dos brasileiros concluíram o ensino médio – quase a mesma percentagem dos que sabem quem é Waldomiro. Esse é o seleto clube dos cidadãos informados.

De acordo com a pesquisa do Instituto Paulo Montenegro, 8% dos brasileiros não sabem ler, são os analfabetos totais; 30%, os tais analfabetos funcionais, leem, mas não entendem o conteúdo dos textos, incapazes que são de interpretar algo um pouco mais complexo do que um bilhete; 37% conseguem identificar informação numa notícia curta, mas não vão muito além disso.

Voltemos, agora, ao levantamento do Datafolha, segundo o qual 53% não ouviram falar de Waldomiro Diniz. Dos 44% que ouviram, apenas 21% souberam dizer quem é ele. Tais divisões parecem seguir as mesmas divisões dos graus de entendimento de leitura, que variam do total analfabetismo à dificuldade de compreensão de uma notícia curta.

Se esse grau de desinformação ocorre em relação a um escândalo tão explorado pela mídia, imagine o que se dá com fatos que, embora sejam vitais para o cidadão, recebem menos destaque.

Acaba sobrando mais espaço para o pensamento mágico, para a dissociação entre as relações de causa e efeito, além da dificuldade de o cidadão entender processos políticos, sociais e econômicos e associá-los à sua vida. Quantas pessoas, mesmo entre aquelas do Clube dos 20% – os informados – sabem o que têm a ver superávit primário, FMI ou investimento com suas necessidades cotidianas – esse foi, entretanto, o tema internacional que mais mobilizou, na semana passada, o presidente Lula.

Quantos brasileiros sabem que o PT, ao recusar a abertura de uma CPI, comporta-se como o PSDB e o PFL se comportavam no passado, quando estavam instalados no poder – e que o PSDB, de José Serra, e o PFL, de Jorge Bornhausen, agora na oposição, agem como o PT agia?

Como explicar que Paulo Maluf, depois de tantas denúncias e de pistas concretas de vultosas contas no exterior, ainda esteja em primeiro lugar nas pesquisas de intenção de voto para a Prefeitura de São Paulo?

Virão agora as eleições municipais e nós, da mídia, integrantes do clube dos 20%, vamos ficar reclamando dos candidatos, exigindo racionalidade e combatendo o pensamento mágico de quem acredita em ilusões.

Vamos mostrar que o somatório das promessas excede várias vezes o Orçamento; vamos mostrar também que um ou outro compromisso não está na órbita de responsabilidade de um prefeito, por exemplo.

Vamos falar quase exclusivamente para o Clube dos 20%, apresentando números, estatísticas, enquanto a maioria vai se encantar com os delírios embalados pelo marketing. Isso pela simples e óbvia razão de que, com baixa escolaridade, a democracia será sempre uma simulação de representatividade.

PS – Começaram a chegar, na semana passada, documentos que vão mostrar, pelo menos para o Clube dos 20%, como se gasta mal o dinheiro social no Brasil. Estão unificando o cadastro de beneficiários de programas de transferência de renda com base em dados federais, estaduais e municipais. Estão descobrindo em São Paulo, por exemplo, famílias que ganham mais de R$ 800 mensais apenas com bolsas e vivem próximas de famílias, igualmente pobres, que ganham muito menos ou não ganham nada.

Talvez fosse importante destacar não a ignorância do brasileiro, mas sua descrença no mundo da política e seu utilitarismo, com base em trocas fisiológicas que implicam, em última instância, na velha e ordinária necessidade de sobrevivência. Ou que, se o caso Waldomiro, tão prodigamente divulgado por todos os meios de informação não arrancou o homem e a mulher comum de seu cotidiano é porque justamente tais aberrações estão alheias do universo emergencial que os 80% da população brasileira parecem viver. Ah! Essa indiferença inaceitável.

Como nos lembra Baudrillard:

> *Evidentemente que há um paradoxo nesta inextricável conjunção das massas e dos média[43]: são os media que neutralizam o sentido e que produzem a massa "informe" (ou informada), ou é a massa que resiste vitoriosamente aos média, ao desviar ou absorver, sem lhes responder, todas as mensagens que estes produzem? Outrora, em "Réquiem pour les Media" eu tinha analisado (e condenado) os média como a instituição de um modelo irreversível de comunicação sem resposta. Mas hoje? Esta ausência de resposta pode ser entendida, já não de todo como a estratégia do poder, mas como uma contra-estratégia, das próprias massas contra o poder. E agora?[44]*

A pergunta mais intrigante de todas, entretanto, é essa: será que para os objetivos do capitalismo e da sociedade ocidental são necessários mais do que 20% da totalidade das pessoas como universo consumidor, como crentes seguidores do élan?

---

[43] Redução do inglês *mass media*, meios de comunicação de massa.

[44] BAUDRILARD, J. **Simulacros e simulação**. Lisboa: Antropos, 1991, p. 109.

No Brasil, o universo consumidor é da ordem de 68 milhões de pessoas, algo em torno de 30% da população total, o mesmo número que o universo consumidor do Canadá.

Ou esta outra questão, mais estranha ainda: será que as pessoas, essas que estão fora deste universo, acreditam que ainda poderão ser acolhidas por ele? Que ele um dia irá se expandir até encontrá-las?

Talvez por isso a televisão tenha um caráter pedagógico mais importante do que tudo que ela veicula: sua bruxuleante luminosidade mantém constante os cínicos contrapontos do poder.

O AFETO AUTORITÁRIO[45]

> *Tenho defendido as novelas. Contra a opinião de muitos colegas da Universidade, sustento que elas têm papel positivo na transmissão de certos ideais, em especial o da igualdade da mulher em relação ao homem e o da condenação do preconceito de raça.*
>
> *É claro que a TV é menos profunda ou pioneira que os grupos feministas ou de consciência indígena ou negra – mas só ela pode levar uma ideia, um nome de livro, um comportamento a 50 ou 60 milhões de pessoas.*
>
> *Mas, justamente porque defendo o que é positivo nas novelas, devo criticar o afeto autoritário que*

---

[45] RIBEIRO, Renato Janine. **O Afeto Autoritário**. São Paulo: Ateliê. 2005, p. 41-2.

nelas se vê. Penso no despotismo do patrão sobre os empregados, e da patroa sobre a doméstica negra. Um personagem como Pedro (José Mayer) em Laços de Família não respeita as pessoas – e no entanto é, globalmente falando, mais simpático que antipático. A TV ainda tolera condutas que socialmente se tornaram inaceitáveis.

Uma novela precisa ter personagens de várias classes sociais. Se não tiver pobre, classe média e ricos, não atingirá todos os públicos. E a comunicação entre essas classes se dá, sobretudo, pelo amor. Isso faz parte das regras do gênero e não vou contestá-las aqui.

O problema, porém, é que, no contato entre os ricos e os pobres, desponta um autoritarismo que acabamos aceitando, nós, espectadores, graças a um enredo que faz das personagens despóticas figuras agradáveis, humanas, quase positivas.

Por que essa simpatia, ou tolerância, com os minidéspotas do dia a dia? Nossa sociedade nunca liquidou seu legado autoritário. Quando se aboliu a escravidão, não houve um projeto de cidadania para os negros. Ao contrário, tudo servia de pretexto para reprimi-los – por exemplo, a capoeira, os cultos afro-brasileiros, que eram caso de polícia.

Nosso know how *de relações sociais ainda tem um quê da escravatura. Aceitamos muitas vezes que o elemento descontraído, simpático, afetuoso venha junto com uma centelha de autoritarismo. Lembremos como Lima Duarte se especializou em fazer clones de*

Sinhozinho Malta – *o fazendeiro de Roque Santeiro (1985-1986), que simbolizava todo o entulho da ditadura militar sobrevivendo no regime civil.*

Mesmo quanto a TV valoriza a mulher perante o homem, seu limite de atuação é a sociedade de consumo. Nossa televisão é muito mais consumista que as europeias. Quem tem, vale mais do que aquele que não tem. E por isso o patrão muitas vezes trata mal o empregado.

Isso é tão comum que às vezes nem se percebe. Sugestão: prestem atenção no modo como as pessoas são servidas à mesa, nas novelas. Verifiquem se agradecem à empregada, se dizem "por favor". É mais provável que lhe dirijam alguma palavra atravessada – e que isso acabe passando, não digo como bom, mas como natural ou comum.

O Brasil vai melhorar do autoritarismo quando esse tipo de conduta não for mais aceito, quando não suscitar mais sorriso, sequer amarelo, mas causar repulsa ou, pelo menos, estranheza. Quando não nos reconhecermos mais, ou não reconhecermos mais nosso país, no recorte que trata os mais pobres como desprovidos de direitos, e até mesmo do direito elementar de ouvir, sempre, "por favor" e "obrigado".

Isso é pouco? Não acho. Há vários modos de ajustar contas com um passado detestável. Um deles é mexer nos pequenos gestos, percebendo que nossos valores não são coisa muito abstrata, mas se exprimem em nosso modo de guiar o carro ou de tratar a pessoa do lado. O mesmo vale para a TV – e, quando ela não agir bem, devemos cobrar isso dela. Melhorar o país dá trabalho. Isso inclui reclamar pelo que achamos justo.

NEM FALSO NEM VERDADEIRO[46]

"A verdade e a falsidade são propriedades do pensamento e não das coisas, a realidade e a irrealidade (aparência ilusória) são propriedades das coisas e não do pensamento, mas um pensamento verdadeiro deve exprimir a realidade da coisa pensada, enquanto um pensamento falso nada pode exprimir" (Aristóteles).

Discutir a proposição "nem falso nem verdadeiro", sem cair no relativismo (onde diferentes coisas, pensamentos, ações têm a mesma validade), nem no individualismo (onde o interesse pessoal é a norma), ou no ceticismo (que funda toda a desconfiança), supõe examinar a questão da verdade e da razão.

A modernidade inaugura-se com dois discursos filosóficos: Os aforismos, *que acompanham o* Novum Organum, *de Francis Bacon (1561-1616), e o* Discurso do método, *de René Descartes (1596-1650), cujos efeitos chegam aos nossos dias.*

Segundo Bacon, temos de conhecer a natureza para dominá-la, para colocá-la a nosso serviço.

---

[46] FREIRE, Sonia. **Nem falso nem Verdadeiro. Educação do Olhar.** Brasília: MEC, vol. 2, 1998, p. 189-191.

A ideia defendida por ele pode ser resumida na fórmula "Saber é poder" e, sobretudo, na ideia de que o poder do conhecimento advém do conhecimento e do controle, como na dominação da natureza. Tal raciocínio, endossado e praticado por muitos, trouxe como consequência a dominação predatória da natureza, cujos efeitos, ricos e pobres, países desenvolvidos e subdesenvolvidos, sofremos todos.

Descartes, que viveu uma fase da história europeia profundamente perturbado por guerras religiosas, nacionais e políticas, nas quais chegou a ter participação ativa, resolve abandonar as humanidades em que fora educado e procurar a verdade como terra do consenso, do armistício constante, abandonar o espaço da unanimidade, da perfeição, por meio das ideias claras e distintas que só a Matemática poderia proporcionar.

Em Descartes, o método é sempre considerado "matemático", o que não significa usar a Aritmética, a Álgebra, a Geometria para o conhecimento de todas as realidades, mas perseguir o ideal matemático, ser uma Mathesis Universalis, *o que significa duas coisas: em primeiro lugar, que a Matemática é tomada no sentido grego da expressão* Ta Mathema, *isto é, conhecimento completo, perfeito, inteiramente dominado pela inteligência; em segundo lugar, que o método possui dois elementos, a ordem e a medida, fundamentais em todo conhecimento matemático.*

A filosofia moderna foi a primeira a reconhecer como direito inalienável de todos os homens o direito ao pensamento e à verdade. A célebre formulação de Descartes "penso, logo existo" significa o pensamento que, consciente de si mesmo, é capaz de oferecer a si mesmo um método e de intervir na realidade natural e política para modificá-la.

Nos séculos posteriores a Descartes, procurou-se aproximar a Matemática da lógica; os matemáticos procuraram criar modelos matemáticos cada vez mais abstratos; teoremas, que não se referiam à coisa concreta nenhuma, querendo provar a universalidade do raciocínio matemático.

Ora, pensar, segundo um modelo de razão que pretende ser único, absoluto, que pretende chegar a verdades definitivas, relega ao irracional, ao obscurantismo tudo o que não se enquadra nesse tipo de razão. Tanto mais que, desde o fina do século XIX, a Matemática, a Física, a Química, as ciências, em geral, passaram por reformulações que mostram não haver verdades definitivas na Ciência, mas um processo contínuo em que a arbitragem científica sustenta, temporariamente, verdades relacionadas até novas descobertas, como mostra, por exemplo, Gaston Bachelard, ao conferir status epistemológico *ao erro, ao não recomeçar sempre que um modelo de raciocínio se mostra esgotado, por meio do que chama de "raciocínios setoriais".*

Em outro campo, um filósofo contemporâneo de Bachelar, Chaim Perelman, lembra que a razão única, imposta a todos, é razão divina. No plano do humano, nos movemos na esfera do razoável, do verossímil, do plausível, do provável – na medida em que escapa às certezas do cálculo – do ambíguo, do contingente, do histórico. Não há diferenças de natureza entre o racional e o razoável: na nossa vida de todos os dias não demonstramos, como na Matemática, mas argumentamos. Não usamos uma linguagem cifrada, como a dos números, das fórmulas, mas uma linguagem natural, ambígua, polêmica, litigante.

As teses defendidas por Perelman são de importância fundamental para as ciências humanas. O campo da nossa linguagem teórica – o campo das chamadas Humanidades, o campo das Ciências Sociais, não é um campo de certezas; é um campo de argumentações. Não é um campo onde eu possa dizer: isso é certo, isso é errado. O que eu posso dizer é que isso está mais fortemente argumentado do que aquilo. E, diante do sopesamento dos argumentos, tenho de arbitrar com toda a responsabilidade de um árbitro.

Assumir essa ambiguidade, sem cair no relativismo, supõe conceber a verdade como horizonte, como algo que me resiste e não como fonte de certeza a priori; assumir-se sem essa garantia, como um ser não resolvido, mas sempre em busca, sempre mais perto de uma verdade que se desloca.

A MOSCA QUE MUDARÁ O MUNDO[47]

Até para fazer xixi corretamente o ser humano precisa de um empurrãozinho. Li isso numa entrevista publicada em 11 de agosto de 2008 na Folha, com o economista Richard Thaler.

Consideram-no um dos gurus de Barack Obama, e sua teoria do "empurrãozinho", ou "nudge", em inglês, é explicada num livro do mesmo nome, ainda a ser lançado no Brasil.

O exemplo do xixi vem de um aeroporto holandês, que se debatia com o descuido dos usuários do sexo masculino. Tiveram a ideia de estampar a imagem de uma mosca dentro dos urinóis, bem perto do escoadouro.

Desse modo, a urina acaba caindo perto do ralo. Reduziram-se em 80% os casos de sujeira, digamos, no entorno imediato.

A teoria do "empurrãozinho" tem muitas aplicações. Thaler a resume na tese do "paternalismo libertário". Parte de um pressuposto correto; a saber, o de que os seres humanos não são tão racionais quanto afirma a teoria econômica clássica. Muitas vezes, sabem que suas ações são contrárias a seus interesses, e mesmo assim... conseguem fazer besteira.

Outro exemplo citado por Thaler, diz respeito aos planos de previdência de alguns países. Quem

---

[47] COELHO, Marcelo. **Jornal Folha de S. Paulo**, 13/ago/2008, Ilustrada, E12. coelhofsp@uol.com.br

se munisse de calculadora e tempo concluiria que são vantajosos. Mas pouca gente faz isso, e não tem paciência para preencher os formulários exigidos. A ideia de Thaler é tornar automática a inscrição do trabalhador: só preencherá formulários, assim, se não quiser aderir.

Das moscas no urinol ao plano de previdência, há uma vasta diferença conceitual. Mas sua base é idêntica: a "mão invisível do mercado" não basta para fazer com que tudo funcione.

E tampouco a "mão invisível da lei" se mostra eficaz. Poderíamos imaginar multas e prisões para quem suja o banheiro; não teriam, com certeza, o mesmo resultado.

O método é, ao mesmo tempo, fascinante e assustador. Talvez aponte para uma forma de dominação política bastante diversa daquelas que conhecíamos até agora.

Força, repressão. Foi este o principal meio de conseguir com que os seres humanos façam o que lhe mandam fazer. O Estado sempre teve como fundamento a ameaça e o exercício da violência.

Ao lado disso, não se negligenciou o papel das crenças, da religião, da propaganda. O indivíduo teme pelo próprio corpo e pela própria alma. E esse temor se dissolve quando imerso no oceano da coletividade, no corpo anônimo da massa, na alma unânime do grupo.

O liberalismo econômico talvez tenha pretendido, no limite, criar um outro sistema para conduzir o rebanho humano. Em vez de cânticos e chicotes, apostou num mecanismo indireto de recompensas e punições, teoricamente restritos à sua forma monetária: lucros, prejuízos, bonificações, multas.

O Estado, e a ideologia, tiveram mais de uma vez seu declínio previsto alegremente, com base nessa perspectiva liberal.

A nova teoria do "empurrãozinho" parece admitir o desacerto desse ponto de vista e investe em mecanismos novos de manipulação da sociedade.

Talvez correspondam à mudança tecnológica em curso. Já se disse que o poder de Hitler tinha relação direta com o uso do rádio. O ouvinte isolado, anônimo, e (pior ainda) desempregado, deixava-se mobilizar por aquele meio "cego" de comunicação, entregando-se, em seguida, à visão espetacular da ordem uniformizada, do rosto do líder, dos desfiles, das olimpíadas e dos pogroms[48].

A TV trouxe passividade e conformismo. Estava tudo ali dentro de casa: ninguém precisava sair da sala para sentir-se parte do "Grande Todo". Saía, é certo, para trabalhar e consumir. A publicidade foi o "empurrão" por excelência do Ocidente, na segunda metade do século 20.

---

[48] *Pogroms* referem-se aos projetos e execuções de extermínio em massa, não só de judeus, mas de ciganos, leitores da Bíblia, homossexuais, etc.

Nosso mundo, entretanto, é mais interativo e vai diminuindo cada vez mais as diferenças entre trabalho, lazer e consumo. Não que as pessoas deixem de trabalhar, mas um joguinho de computador não deixa de ser parecido com a jornada de um digitador de textos, de um controlador de trânsito, ou de um piloto de bombardeio.

O segredo da mosquinha holandesa é "vender" como entretenimento uma ação desejável socialmente. O próprio marketing, com a internet, usa cotidianamente de truques para misturar compra e diversão num mesmo clique.

Resumo rápido da história: no futuro ninguém fará xixi fora do penico. Quem estiver do lado das moscas que se cuide.

NEM FALSO NEM VERDADEIRO NA TV[49]

A primeira aproximação para exame crítico da televisão – imagem persistente, diária para quase todos os cidadãos urbanos – talvez deva ser efetuada, antes de chegar diante do aparelho, a partir do exame das chamadas "grades" de programação, publicadas, em geral, nos jornais de fim de semana ou nas revistinhas especializadas. Ao fazer a publicidade semanal, além do que é inserido nos intervalos, junto com todas as outras peças publicitárias, as redes de TV permitem entrever e aquilatar, ao menos parcialmente, algumas

---

[49] SILVEIRA, Maria Helena. Idem, p. 193-5.

de suas diretrizes. É óbvio que a programação se faz interdependente de anunciante/índices de audiência. Aqueles que garantem suas vendas pelas numerosas inserções de imagens/sons de seus produtos, sabem o número de espectadores e a faixa de possíveis compradores que querem atingir. Há produtos típicos do horário matinal e outros, de horas mais tardias da noite. Em geral, todos vendem, simultaneamente, objetos e desejos (de felicidade, beleza, alegria, prazer), confundindo-os, deliberadamente. A televisão é configuradora e mediadora nessas relações de venda e compra – ela vende os poucos segundos ou minutos em que se veicula o anúncio, o que sustenta e garante a exibição ficcional, jornalística, esportiva, etc.

Nas grades, para cativar a audiência, há algumas informações sobre as "vantagens" que o programa pode trazer a quem o acompanha, desde bênçãos e "milagres" a receitas fáceis, que vendem eletrodomésticos, ou apresentação do horóscopo diário; ginástica a ser vista, enquanto alguém lava a roupa na máquina ou varre a casa, e histórias, quase sempre malcontadas, que vão formar nas crianças a visão, de quem são "os do bem e os do mal". Um pouco dessas entrelinhas se faz legível nas grades de programação. Mas não basta. Para entender melhor o veículo é preciso estudar essas programações? Ver/ouvir a sequência de bloco de emissão/anúncios/bloco de emissão/ anúncios, etc. Montar uma equipe, analisar uma emissora, depois outra, para chegar a discernir a que apresenta – além de qualidade visual – informação fidedigna, lazer, que mereça seu tempo livre, acrescentando cultura em profissão, em artes, em cidadania, enfim, neutralizar o que vem sendo narcotizante. Sempre há o que mereça ser visto: além de eventuais reexibições de filmes clássicos, programas de música ou balé, ou de ciências, aos quais – de outro modo – o brasileiro médio nunca teria acesso. A própria TV produz, quando não se submete cegamente ao ritmo ultra-rápido dos custos dos comerciais, obras que devem ser destacadas da exibição efêmera – descartável do cotidiano perecível. Tanto documentos como eventos ou ficção podem e devem ser preservados, porque são resultados de trabalho de quem conhece e respeita seu ofício e o público.

Do ponto de vista da produção da imagem na televisão é recomendável verificar se há:
- *apresentação de acontecimentos reais, ao vivo, não previstos: cenas de rua, algum fenômeno natural, protestos da população, etc.;*
- *acontecimento em espaço público, não preparado pela TV, mas onde hoje ela é sempre incluída e, às vezes, determinante, como recepções oficiais, eventos de associações fortes na sociedade, disputas esportivas, desfiles, shows, teatro, etc.;*
- *a atuação de pessoas "reais" em programas produzidos pela TV, em estúdio: entrevistas, mesas de debate, jornais, programas de auditório, shows de música, etc.;*
- *programas de ficção, pré-gravados. Nada do que ocorre é "real". As pessoas, os cenários, o texto-*

-falado, os figurinos, os sons, o uso das câmeras são todos previstos, gravados, selecionados, editados, em brusca de uma concepção artística do diretor ou da emissora, dos atores, do autor-roterista. Mas, muitas vezes, se procura confundir, naquilo que constitui a "indústria cultural", ator-personagem publicando reportagens, incluindo cenas do cotidiano jornalístico na trama, ou fazendo marketing, quando o personagem consome produtos ou objetos, identificando ou lançando novas marcas.

Alem disso, a programação da emissora, deliberadamente ou não, cria campos de redundância ou de contaminação, que reduzem o impacto das informações do real: tiros, explosões, destruição em terremotos, enchentes e desastres, porque assim satura o público com a "pirotecnia" dos chamados filmes de ação em que explodem em vermelho sangue e ouro, pessoas, automóveis, aviões, campos de petróleo.

Reduziu-se a guerra do Iraque a tracinhos luminosos de foguetes, sem que se vissem os corpos estraçalhados ou o desespero dos sobreviventes. Desta vez não houve nenhuma menina nua, queimando napalm, correndo na estrada como no Vietnã, nem nenhum oficial assassinou alguém ao vivo com um tiro, e não se viram miolos explodindo, não filme e no vídeo. Que intenções orientam as agências de notícias internacionais e as produtoras, ao confundirem tantos "verdadeiros" e "falsos"?

A ERA PARADOXAL DA IMAGEM:
DA IMAGEM ELETRÔNICA À DIGITAL[50]

"(...) Se por um lado conhecemos perfeitamente, ou quase, a realidade da lógica formal de representação pictorial clássica e, em menor grau, a atualidade da lógica dialética que preside a representação foto-cinematográfica, por outro lado, temos apenas uma ligeira ideia das virtualidades desta lógica paradoxal do videograma, do holograma ou das imagens digitais. (...) O paradoxo lógico está no fato de essa imagem em tempo real dominar a coisa representada, nesse tempo que torna-se mais importante hoje que o espaço real, essa virtualidade que domina a realidade, perturbando a própria noção de "realidade".

"Uma imagem é, efetivamente, um 'objeto' puramente virtual. Sua importância reside no fato de que não a usamos para orientar-nos em direção a algo tangível e prático, mas tratando-a como uma entidade completa com relações e atributos unicamente visuais. Ela não tem outros; seu caráter visível é seu ser inteiro".

Assiste-se hoje, nas grandes cidades, a invasão da imagem eletrônica. Presente nas casas, supermercados, escolas, bancos, escritórios, aeroportos, lojas de departamento, o vídeo participa ainda de conferências, shows, performances etc. Essa presença hegemônica da imagem eletrônica não vem,

---

[50] FREIRE, Sonia. **Educação do Olhar**, op. cit. p. 195-9.

contudo, acompanhada, em geral, de reflexão sobre sua especificidade dentro do universo audiovisual. É sintomática a confusão que envolve o uso generalizado do termo vídeo, significando para o leigo tanto o aparelho que tem em casa (videocassete) como a fita que aluga na locadora; para o especialista em computação, a tela do monitor; para o profissional de televisão, um sentido mais técnico. Esta confusão pode ser, em parte, explicada pela origem da palavra vídeo: do latim, eu vejo, quando, na realidade, a fita de vídeo não contém imagem alguma. "Diferente do que ocorre com os suportes de fotoquímimos convencionais (fotografia, cinema) o suporte de fixação da imagem eletrônica – fita magnética ou disco laser – não mostra imagem alguma. Sabemos que ela está lá, mas lá onde?" O que acontece com as chamadas imagens técnicas (fotografia, cinema televisão) é que elas não são produzidas da mesma maneira.

Há uma longa história por trás dessas imagens; história que revela, paralelamente, uma busca incessante da automação e de técnicas ou processos analíticos que permitiram retalhar a imagem, subdividi-la, para encontrar seu elemento físico constituinte e poder dominá-lo. Nessas pesquisas, a televisão constituiu um marco histórico. Data de meados do século XIX a invenção de uma máquina elétrica, ancestral da televisão, o pantelégrafo, *capaz de decompor a imagem em linhas sucessivas e paralelas, visando sua transmissão à distância.*

Interessante observar que um processo semelhante ocorria nas artes plásticas, no século XIX, século da fotografia, que fascinava físicos e artistas da época. O Impressionismo, por exemplo, fez do movimento transitório da luz o centro de interesse da pintura e o Pontilhismo, sobretudo em Seurat, pela técnica do divisionismo, levaria a análise da luz e da cor às suas últimas consequências. Contudo, essas técnicas dependiam ainda do olho e da mão.

Novas descobertas permitiram o advento da televisão como a conhecemos hoje; datam de 1940 os primeiros aparelhos de TV comercial nos EUA. A televisão representa a conquista da transmissão da imagem e do som simultaneamente ao processo de sua geração. A imagem captada pela objetiva de uma câmera é analisada ponto a ponto por um tubo eletrônico. Cada ponto luminoso é, desta forma, transformado em uma impulsão elétrica, que se inscreve em uma fita magnética ou, mais recentemente, em disco laser. O que há de novo na imagem produzida é a sua extrema maleabilidade, capaz de abalar a estrutura da figuração. "O destino de toda figura enquadrada na tele do tubo de imagens é terminar dissolvida na trama de retículas devolvida à condição de linha constituída. E como tudo não passa de corrente elétrica modulada, as formas colocadas na tela podem sofrer praticamente qualquer tipo de manipulação". Com os progressos tecnológicos (pós-produção, trucagens, inserção de imagens umas nas outras) fala-se de um "novo barroco" ou um "neomaneirismo", devido à mul-

tiplicação dos pontos de vista na imagem. Na busca da completa automação faltava ainda ao mosaico eletrônico ser completamente ordenado; indicar a imagem na tela, por meio de coordenadas especiais, por meio de um cálculo automático. Edmond Couchot considera que o acoplamento do computador à televisão constitui a mutação mais importante, desde que o homem registrou suas primeiras figuras na caverna, há mais de 25 mil anos.

O computador permitiu não só dominar totalmente o menor ponto da imagem – o píxel – como substituir, ao mesmo tempo, o automatismo analógico das técnicas televisivas pelo automatismo calculado, resultante de um tratamento numérico da informação relativa à imagem. A partir daí a imagem é reduzida a um mosaico de pontos perfeitamente ordenado, um quadro de números, uma matriz. Cada píxel é um permutador minúsculo entre imagem e número que permite passar da imagem ao número e vice-versa.

Com efeito, "o computador opera com números, não com imagens. Dizer que há uma imagem na memória do computador é apenas um esforço de expressão, pois o que há de fato é um conjunto de valores numéricos dispostos organizadamente numa base de dados. Para visualizar alguma coisa que não seja uma lista de números, para obter, portanto, uma imagem, é preciso forjar procedimentos específicos de visualização que não são senão algoritmos (conjunto de passos ou comandos exigidos para a realização do cálculo numérico ou operações lógicas. Pode ser expresso de várias formas como códigos de programação, equações de matrizes numéricas, etc.) de simulação de imagem, que tornam possível isso que é a própria condição fundante da computação gráfica: a representação de expressões matemáticas". As formas geradas pelo computador não são, portanto, o resultado da ação física de um sujeito, como na pintura, nem de uma conexão fotoquímica ou eletrônica de um objeto com um suporte físico, como nas imagens técnicas; seu suporte é o programa.

Bill Viola compara a mutação que hoje ocorre na história das artes visuais ao nascimento da perspectiva e à criação das cenas ilusionistas na Renascença. Mutação que ele resume numa única expressão: o fim da câmera, "esse sistema não apenas emblemático da imagem técnica, mas, em muitos casos, a condição sine qua non *da aventura figurativa". Com efeito, lembra ainda Arlindo Machado, a computação gráfica talvez seja o primeiro sistema expressivo de natureza visual que prescinde da luz. "(...) a partir do momento em que a luz não for mais a condição e o material fundante da imagem, estamos no domínio do espaço conceitual".*

Enquanto no sistema figurativo da Renascença tudo se construía em torno do ponto de vista, no cinema e na TV a primeira coisa a decidir é a posição da câmera em relação ao objeto a registrar nos sistemas digitais, não se pode falar de ponto de vista, a não ser enquanto um conjunto numérico depositado na memória do computador, ou seja, enquanto um campo de inúmeras possibilidades. Mesmo quando se simula a presença de uma câmera fictícia e se elege um ponto de vista determinado para exibir um objeto, as outras possibilidades de angulação não desaparecem: continuam na memória do computador, à disposição do usuário.

O visual proposto pela engenharia informática de simulação redefine completamente as noções de imagem, de objeto e de espaço perspectivo.

Especialistas da imagem eletrônica, da vídeo-arte e da imagem infográfica, ao estabelecerem uma ruptura na continuidade da representação visual, opõem a imagem produzida por meios ópticos – a imagem analógica – à imagem numérica produzida por processos digitais. Para eles, essas novas imagens, embora dadas à visão, plenamente perceptíveis, jamais seriam a marca ou a repetição de um real empírico como nas imagens ópticas. São, então, imagens virtuais, conceituais, autônomas, autorreferentes.

Também a noção de objeto deve ser retomada num sentido mais amplo, abrangendo teclas, circuitos eletrônicos, espaços construídos, paisagens naturais simuladas, fenômenos físicos simulados (como ondas do mar, terremotos, tempestades, etc.), sistemas mais abstratos como uma fórmula química, a economia nacional de um país, ou sistemas mais concretos, como uma guerra simulada, etc. O objeto virtual se comporta como "modelo ideal do objeto real", como diz Weissberg, ou representa-se, agora, o que se sabe do objeto e não o que se vê – como afirma Arlindo Machado.

A revista Veja, em sua edição de 6/12/95, informa estar à disposição do público (devidamente acessado), via Internet, o mais completo atlas anatômico – o Visible Woman – um guia digital do corpo feminino, organizado a partir do cadáver de uma americana de 59 anos, devidamente radiografado por enorme bateria de Raio X, tomografia, ressonância magnética, imagens armazenadas na memória de um computador. "(...) depois de congelado, o corpo foi retalhado em 5.189 fatias com a espessura cada uma de um terço de milímetro, cada lâmina devidamente fotografada e levada ao computador (...)", continua o relato, que conclui: as imagens armazenadas formaram um corpo virtual que pode ser "visto" via Internet, bastando digitar o seguinte endereço http/www.uchsc.edu/chs.

Nem todos os fenômenos, entretanto, são a priori, simuláveis em computação gráfica, uma vez que nem sempre é possível descrevê-los sob a forma de um modelo matemático preciso. O mundo convertido em modelos numéricos torna-se mais compreensível, mais manejável, mais operativo que o chamado mundo real, mas ao preço de se reduzir esses fenômenos a um esqueleto conceitual, como adverte Cazaís: "o piloto em seu simulador de voo, por exemplo, só está autorizado a ver da terra e do céu aquilo que lhe permitirá dominar perfeitamente a sua função – talvez a sua ficção – de piloto (...) nesse universo antecipadamente interpretado, filtrado em toda sua funcionalidade".

O FIM DO PANÓPTICO[51]

É ainda a esta ideologia do vivido, de exumação do real na sua banalidade de base, na sua autenticidade radical que se refere a experiência americana de TV-verdade, tentada em 1971 sobre a família Loud: sete meses de rodagem ininterrupta, trezentas horas de filmagem direta, sem roteiro nem cenário, a odisseia de uma família, os seus dramas, as suas alegrias, as suas peripécias, non stop – *resumindo, um documento histórico "bruto", e a "mais bela proeza da televisão, comparável à escala da nossa quotidianidade, ao filme do desembarque na Lua". A coisa complica-se com o fato de esta família se ter desfeito durante a rodagem: a crise explodiu, os Loud separaram-se, etc. Donde a insolúvel controvérsia: a TV é responsável? Que teria se passado se a TV não tivesse lá estado?*

Mais interessante é o fantasma de filmar os Loud como se a TV lá não estivesse. O triunfo do realizador era dizer: "Eles viveram como se nós lá não estivéssemos". Fórmula absurda, paradoxal – nem verdadeira, nem falsa: utópica. O "como se nós lá não estivéssemos" sendo equivalente ao "como se você lá estivesse". Foi esta utopia, este paradoxo, que fascinou os vinte milhões de telespectadores, muito mais que o prazer "perverso" de violar uma intimidade. Não se trata de segredo nem de perversão na experiência "verdade",

---

[51] BAUDRILARD, J. **Simulacros e Simulação**. Lisboa: Antropos, 1991, p. 40-1.

mas de uma espécie de arrepio do real, ou de uma estética do hiperreal, arrepio de exatidão vertiginosa e falsificada, arrepio de distanciação e de ampliação ao mesmo tempo, de distorção de escala, de uma transparência excessiva.

Gozo de um excesso de sentido, quando a barra do signo desce abaixo da linha de flutuação habitual do sentido: o insignificante é exaltado pela filmagem. Aí se vê o que o real nunca foi (mas "como se você aí estivesse"), sem a distância que faz o espaço perspectivo e a nossa visão em profundidade (mas "mais verdadeiro que ao natural"). Gozo da simulação microscópica que faz o real passar para o hiperreal (é um pouco assim na pornografia também, cujo fascínio é mais metafísico que sexual).

De resto, esta família era já hiperreal pela sua própria escolha: família americana ideal típica, domicílio californiano, três garagens, cinco filhos, estatuto social e profissional acomodado, housewife *(dona de casa) decorativa,* uppermiddle class *(nível social médio alto). De certa maneira é esta perfeição estatística que a vota à morte. Heroína ideal do* American way of life *(modo de vida americano), ela é, como nos sacrifícios antigos, escolhida para ser exaltada e morrer sob o fogo do* médium *(canal de comunicação), moderno destino. É que o fogo do céu já não cai sobre as cidades corrompidas; é a objetiva que vem cortar a realidade vivida como um* laser, *para a aniquilar. "Os Loud: simplesmente uma família que aceitou entregar-se à televisão e morrer às suas mãos", dirá o realizador. Trata-se, pois, com efeito, de um processo sacrificial, de um espetáculo sacrificial oferecido a vinte milhões de americanos. O drama litúrgico de uma sociedade de massas.*

VISTA CANSADA[52]

Acho que foi Hemingway quem disse que olhava cada coisa à sua volta como se a visse pela última vez. Pela última ou pela primeira vez? Pela primeira vez foi outro escritor quem disse. Essa ideia de olhar pela última vez tem algo de deprimente. Olhar de despedida, de quem não crê que a vida continua, não admira que Hemingway tenha acabado como acabou. Fugiu enquanto pôde do desespero que o roía – e daquele tiro brutal.

Se eu morrer, morre comigo um certo modo de ver, disso o poeta. Um poeta é só isto: um certo modo de ver. O diabo é que, de tanto ver, a gente banaliza o olhar. Vê não-vendo. Experimente ver pela primeira vez o que você vê todo dia, sem ver. Parece fácil, mas não é. O que nos cerca, o que nos é familiar, já não desperta curiosidade. O campo visual da nossa rotina é como um vazio.

Você sai todo dia, por exemplo, pela mesma porta. Se alguém lhe perguntar o que é que você vê no seu caminho, você não sabe. De tanto ver, você não vê. Sei de um profissional que passou 32 anos a fio

---

[52] RESENDE, Otto Lara. **Folha de S. Paulo**, 23/02/1992.

pelo mesmo hall do prédio do seu escritório. Lá estava sempre. Pontualíssimo, o mesmo porteiro. Dava-lhe bom-dia e, às vezes, passava-lhe um recado ou uma correspondência. Um dia o porteiro cometeu a descortesia de falecer.

Como era ele? Sua cara? Sua voz? Como se vestia? Não fazia a mínima ideia. Em 32 anos, nunca o viu. Para ser notado, o porteiro teve que morrer. Se um dia, no seu lugar, estivesse uma girafa, cumprindo o rito, pode ser também que ninguém desse por sua ausência. O hábito suja os olhos e lhes baixa a voltagem. Mas há sempre o que ver. Gente, coisas, bichos. E vemos? Não, não vemos.

Uma criança vê o que o adulto não vê. Tem olhos atentos e limpos para o espetáculo do mundo. O poeta é capaz de ver pela primeira vez o que, de fato, ninguém vê. Há pai que nunca viu o próprio filho; marido que nunca viu a própria mulher, isso existe às pampas. Nossos olhos se gastam no dia-a-dia, opacos. É por aí que se instala no coração o monstro da indiferença.

Finalmente o terceiro ponto.
Excertos da Declaração de Nova-Delhi de Educação para Todos, assinada em dezembro de 1993 pelos governos do Brasil, Indonésia, China, Bangladesh, Egito, México, Nigéria, Paquistão e Índia:

- *Garantiremos a toda criança uma vaga em uma escola ou em um programa educacional adequado às suas capacidades, para que a educação não seja*

negada a uma só criança por falta de professor, material didático ou espaço adequado – fazemos essa promessa em cumprimento ao compromisso assumido na Convenção sobre Direitos da Criança que ratificamos;
- *Consolidaremos esforços dirigidos à educação básica de jovens e adultos, proporcionada por entidades públicas e privadas, melhorando e ampliando nossos programas de alfabetização e educação de adultos no contexto de uma estratégia integrada de educação básica para todo o nosso povo;*
- *Eliminaremos disparidades de acesso à educação básica em função de sexo, idade, renda, família, diferenças culturais, étnicas e linguísticas, e distância geográfica;*
- *Melhoraremos a qualidade e relevância dos programas de educação básica através da intensificação de escorços para aperfeiçoar o "status", o treinamento e as condições de trabalho do magistério; melhorar os conteúdos educacionais e o material didático e implementar outras reformas necessárias aos nossos sistemas educacionais;*
- *Em todas as nossas ações, em nível nacional e em todos os níveis, atribuiremos a mais alta prioridade ao desenvolvimento humano, assegurando que uma parcela crescente dos recursos nacionais e comunitários seja canalizada à educação básica e melhoria do gerenciamento dos recursos educacionais agora disponíveis.*

Em 1990, o Brasil participou da Conferência Mundial sobre Educação para Todos e da Cúpula Mundial da Criança que contemplava os nove países em desenvolvimento com maior contingente populacional no mundo. Aconteceu em Jontien, na Tailândia, e foi convocada pela UNESCO (Organização das Nações Unidas para a Educação, a Ciência e a Cultura), UNICEF (Fundo das Nações Unidas Para a Infância), PNUD (Programa das Nações Unidas para o Desenvolvimento) e Banco Mundial. Nas reuniões foram discutidas estratégias para diminuir os altos índices de analfabetismo que assolavam países como a Indonésia, China, Bangladesh, Brasil, Egito, México, Nigéria, Paquistão e Índia. Em 1993, em Nova Delhi, na Índia, esses mesmos países comprometeram-se a implementar os planos decenais preparados nos três anos anteriores, para a efetiva realização de oferta de educação para todos.

Dos dados enunciados pela própria UNESCO, em boletim para avaliar os resultados do acordo de Jontien, podemos inferir as razões e motivações que resultaram no encontro.

As crescentes iniquidades sociais, que também são de gênero e étnicas, apresentam um quadro cujos números assustam. São 875 milhões de jovens e adultos analfabetos e 113 milhões de crianças fora da escola. Este quadro coincide com o quadro da pobreza mundial e a grande maioria ainda são mulheres. O analfabetismo funcional, que atinge tanto os países desenvolvidos quanto aqueles, chamados em desenvolvimento, já não permite apontar uma relação óbvia entre escolaridade e analfabetismo. Além disso, os meios de comunicação audiovisuais têm deixado apenas uma pequena margem para a expressão e a comunicação interpessoais[53].

Tais diagnósticos podem ser pensados num panorama de mundialização cristalizado num "conjunto de fenômenos econômicos, políticos e culturais que transcendem as nações e os povos"[54]. Segundo as mais recentes perspectivas do desempenho das nações nestes tempos globais, elas devem contemplar uma classe empresarial forte o suficiente para enfrentar a competição global, além de um Estado forte na medida em que exerça um severo controle público e social e uma estrutura de classes interna, capaz de constituir um mercado interno vitalizado e com renda bem distribuída[55].

Esse discurso, contudo, não significa nenhuma ruptura com as prédicas político-econômicas que têm ganho importância nos últimos vinte anos.

Perry Anderson, em *Balanço do Neoliberalismo*, afirma que o fenômeno neoliberal tem origem num livro escrito em 1944 por Friedrich Hayek cujo título, *O Caminho da Servidão*, denunciava as limitações impostas pelo Estado aos mecanismos de mercado e, portanto, à liberdade tanto econômica quanto política. O estado keinesiano, também chamado estado de bem-estar social, ganharia força plena nos anos seguintes, com o capitalismo dos

---

[53] UNESCO BRASIL. **Série Debates III**. Setembro de 2002.

[54] ORTIZ, Renato. **Um outro Território. Ensaios sobre a Mundialização.** São Paulo: Olho d'água, s/d, p. 13.

[55] **Jornal Folha de S. Paulo**, 18/01/2004. P. A3.

países centrais entrando na verdadeira idade do ouro das décadas de 1950 e 1960.

A denominada Sociedade de Mont Pèlerin, na Suíça, local em que pequeno grupo endossou o receituário de Hayec, chamava a atenção para uma das características do estado de bem-estar: destruir a liberdade dos cidadãos e inviabilizar o papel da concorrência, propulsora do capitalismo. Segundo seus argumentos, a desigualdade era o valor fundamental das sociedades ocidentais e o estado keynesiano praticamente a obliterava.

Com a grande crise do início dos anos 1970, este modelo ganhou realidade, sendo implementado primeiramente no governo Pinochet no Chile após o golpe de estado que eliminou o projeto de Salvador Allende. Segundo seus defensores, as razões da crise residiam no papel do Estado, que operava num nível de excessiva submissão aos sindicatos e ao movimento operário que exerciam dois tipos de pressão: retendo o lucro das empresas com suas reivindicações sociais e forçando o Estado a ampliar os gastos com benefícios sociais.

Contra a inflação desencadeada o remédio era claro:

> *Manter um Estado forte, sim, em sua capacidade de romper o poder dos sindicatos e no controle do dinheiro, mas parco em todos os gastos sociais e nas intervenções econômicas. A estabilidade monetária deveria ser meta suprema de qualquer governo. Para isso seria necessária uma disciplina orçamentária, com a contenção dos gastos com bem-estar, e a restauração da taxa "natural" de desemprego, ou seja, a*

criação de um exército industrial de reserva de trabalho para quebrar os sindicatos. Ademais, reformas fiscais eram imprescindíveis, para incentivar os agentes econômicos. Em outras palavras, isso significava reduções de impostos sobre os rendimentos mais altos e sobre as rendas. Dessa forma, uma nova e saudável desigualdade iria voltar a dinamizar as economias avançadas, então às voltas com uma estagflação, resultado direto dos legados combinados de Keynes e de Beveridge, ou seja, a intervenção anticíclica e a redistribuição social, as quais haviam tão desastrosamente deformado o curso normal da acumulação e do livre mercado. O crescimento retornaria quando a estabilidade monetária e os incentivos essenciais houvessem sido restituídos.[56]

Em muito pouco tempo tal doutrina se espalhou pela Europa encabeçada pelo governo de Margaret Thatcher, a partir de 1979, inspirado pela experiência de Augusto Pinochet, que, desde meados da década, já instalara com sucesso o programa no Chile.

Se num primeiro momento, os países do norte da Europa, incluíram em seus programas o ideário neoliberal estimulados por um fenômeno de direitização, fruto da invasão do Afeganistão pela União Soviética, num segundo momento, os países do sul da Europa, de tendências

---

[56] ANDERSON, Perry. Balanço do Neoliberalismo. P. 11. *In:* SADER, Emir & GENTILI, Pablo [Org.]. **Pós Neoliberalismo. Políticas Sociais e Estado Democrático**. Rio de Janeiro: Paz e Terra, 1995.

esquerdizantes, assumiram o mesmo ideário (Miterrand, na França, González, na Espanha, Soares, em Portugal, Craxi, na Itália, Papandreau, na Grécia).

O êxito das propostas neoliberais, contudo, não representou o esperado crescimento econômico, mas estrangulou o movimento operário, apresentou taxas de desemprego jamais igualadas na história do capitalismo, enquanto aumentava a taxa de lucro de capitais, tendo as bolsas de valores aumentado quatro vezes mais rapidamente que os salários. Tudo isso contendo a inflação em níveis aceitáveis. O grande estímulo à adesão ao modelo passou a ser o perigo e a ameaça da hiperinflação.

> *Cabe perguntar por que a recuperação dos lucros não levou a uma recuperação dos investimentos. Essencialmente, pode-se dizer, porque a desregulamentação financeira, que foi um elemento tão importante do programa neoliberal, criou condições muito mais propícias para a inversão especulativa do que produtiva. Durante os anos 80 aconteceu uma verdadeira explosão dos mercados de câmbio internacionais, cujas transações, puramente monetárias, acabaram por diminuir o comércio mundial de mercadorias reais.*[57]

Já na década de 1990, como os gastos públicos não refluíram, a dívida pública aumentou vertiginosamente, exigindo desregulamentações pontuais, por exemplo, nas

---
[57] ANDERSON, Perry. op. ci. p. 16.

questões de aposentadorias e nas formas de relações trabalhistas, aliadas a um programa intenso de privatizações.

As consequências de se assumir essa matriz têm levado a um fosso social absurdo, principalmente nos países periféricos, dentre os quais, o Brasil.

A globalização, fenômeno que se compatibilizou com isso, possibilitando expansão, desterritorializou empresas e capitais e submeteu governos às regras do jogo de uma ideologia em escala mundial.

Renato Ortiz situa a problemática:

> *Nos países do chamado "terceiro mundo", até meados do século, a construção nacional era considerada como uma utopia. Cada país idealizava as suas metas no contexto de sua história particular, de sua identidade. O projeto nacional galvanizava a força e a imaginação dos homens. Digo "projeto" no sentido sartriano, pois a busca do ser nacional se confundia com a luta pela sua autenticidade. A nação se situava, portanto, no futuro, era algo inacabado; sua configuração idealizada contrastava com o presente, com o subdesenvolvimento e com as imposições colonialistas ou imperialistas. Creio que hoje as coisas são diferentes. O Estado-Nação perdeu o monopólio em conferir sentido às ações coletivas. Ele deve competir com outras instâncias e enfrentar as contradições internas ao próprio processo de globalização.*[58]

---

[58] ORTIZ, Renato. **Um outro Território, Ensaios sobre a Mundialização**. São Paulo: Olho d'água, s/d, p. 124-125.

Em termos regionais, a comunidade passa a ser uma referência fundamental diante do esfacelamento progressivo que o nacional enfrenta.

A reestruturação, o mercado global, as organizações de livre comércio, o poder controlado pelas corporações multinacionais serão os aspectos visíveis dessa tendência, melhor, desse complexo arranjo global.

> *Globalização e neoliberalismo não são termos simplesmente descritivos que possuem significados objetivos. Como todas as ideologias, em um plano eles se referem às mudanças atuais, mas obscurecem muito mais do que de fato revelam: tanto a forma quanto o conteúdo do sistema capitalista. Esses termos não existem como coisas em si, mas sim como teorias, estratégias e tendências dentro do contexto integral do capitalismo. Para situarmos a atividade e a teoria em oposição a eles, implica que deveríamos forçar aqueles que estão no poder a simplesmente adotarem formas diferentes, e quiçá mais gentis, de nos explorar – por exemplo um "neokeinesianismo" global ou talvez um fim do "domínio das corporações" e um retorno a algum totalmente idealizado Estado-nação democrático e pré-globalização. É improvável que isso aconteça, embora, mesmo se ocorresse, "vitória" dificilmente seria a palavra que imediatamente viria à cabeça nesse caso.*[59]

---

[59] LUDD, Ned [Org.]. **Urgência das Ruas**. São Paulo: Conrad, 2002, p. 46.

É difícil entender esses fenômenos de modo não axiológico, afinal, os grupos de resistência passam desde os ultradireitistas aos moldes de Le Pen, na França a Pat Buchanan, nos Estados Unidos, até às manifestações dos chamados Dias da Ação Global, de Seatle e o Fórum Social de Porto Alegre.

O que o texto enfatiza é que não existem tantas incompatibilidades entre as estruturas de dominação global e aquelas implementadas pelos arranjos do Estado-nação.

No entanto, o discurso nem mesmo era novo. Em um folhetim oficial do final do regime militar podemos ler o seguinte:

Fonte: **Educação para todos, caminho para mudança**. MEC, Brasília, 1985, p. 16-17

A educação não poderia deixar de oferecer sua estrutura institucional a esse propósito, agora planetário.

O encontro na Tailândia dos países em desenvolvimento mais populosos do mundo, teve como compromisso fundamental alinhar seus programas educacionais seguindo as prédicas de uma formação global. O Banco Mundial estaria à frente do projeto no quesito financeiro, enquanto as prescrições pedagógicas seguiriam um roteiro próprio.

No encontro foi lavrada a *Declaração Mundial de Educação para Todos* que implicou na elaboração de planos e metas decenais como comprometimento dos países adesistas.

No Brasil, o plano decenal veio a público em 1993, estabelecendo metas para os próximos dez anos, que implicam assegurar, "até o ano de 2003, a crianças, jovens e adultos, conteúdos mínimos de aprendizagem que atendam a necessidades elementares da vida contemporânea"[60].

Com a finalidade de integrar os três níveis de poderes, foram implementadas discussões nacionais, estaduais e municipais sobre a base explicitada no plano. Ampliando para entidades da sociedade civil, a discussão ganhou dimensão nacional e algumas estratégias foram elaboradas para erradicar o analfabetismo e universalizar o ensino fundamental nos dez anos seguintes.

Segundo seus articuladores, o sucesso do Plano...

---

[60] **Plano Decenal de Educação para Todos**. Brasília: MEC, 1993, p. 12-13.

> *... depende, no âmbito nacional, do compromisso não só da União, dos Estados e dos Municípios, como das famílias e de outras instituições da sociedade civil. No âmbito externo, porém, dependerá de um tratamento diferenciado, pela Comunidade Internacional, dos problemas econômicos e sociais dos países endividados, sobretudo dos nove países mais populosos signatários da Carta de Jomtien.*[61]

Mais adiante explicitam sua vinculação com o modelo anteriormente exposto:

> *Para que o país volte a se desenvolver, impõe-se um profundo ajustamento econômico e financeiro, que torne possível novo modo de inserção na ordem econômica internacional. Para tanto, serão necessárias profundas transformações estruturais, desconcentração espacial da economia e uma vigorosa redistribuição de renda e riqueza. Tal processo gerará mudanças na composição e dinâmica das estruturas de emprego e das formas de organização da produção, o que requer alterações correspondentes nas estruturas e modalidades de aquisição e desenvolvimento das competências humanas. Serão necessários novos critérios de planejamento educativo e de relações entre escola e sociedade, capazes de gerar oportunidades*

---

[61] Idem, p. 15.

educacionais mais amplas e diferenciadas para os vários segmentos da população.[62]

No entanto, todo o receituário era indigesto demais para ser implementado sem uma previa preparação. Podemos, portanto, ler um projeto iníquo por trás dos desejos emancipatórios. Vejamos esse trecho do texto de Perry Anderson sobre o caso brasileiro em especial:

> *Em 1987, um economista brasileiro, membro de uma instituição financeira internacional, admirador da experiência chilena de Pinochet, confidenciou que o problema crítico do Brasil, naquele momento sob a presidência de José Sarney, não residia em uma taxa de inflação demasiado elevada, como difundiam os funcionários do Banco Mundial. Ele assegurava que a taxa de inflação era baixa demais e dizia abertamente: "Esperemos que as barreiras se rompam". Por quê? Sua resposta era simples: "No Brasil, temos necessidade de uma hiperinflação para criar as condições que levem a população a aceitar um tratamento deflacionário drástico, necessário para este país". A hiperinflação começou no Brasil e as condições foram reunidas para iniciar um programa neoliberal, sem instrumentos ditatoriais.*[63]

---

[62] Idem, p. 21.

[63] HOUTART, F. et POLET, F. **O outro Davos**. São Paulo: Ed. Cortez, 2002, p. 30.

A desregulamentação de vários setores da sociedade pressionava as diretrizes no sentido de preparar a juventude para esses novos desafios. As "competências" necessárias aparecem como norteadoras das mudanças que deveriam ser operacionalizadas nas rotinas escolares.

Como a proposta de 1992 já antecipara, haveria repercussões políticas a serem contempladas pela nova diretriz:

> Também no plano político, em que importantes mudanças já se evidenciam, fazem-se novas exigências à educação. Valores e padrões de conduta requeridos para o aperfeiçoamento democrático desafiam o formalismo e alienação dos programas escolares, exigindo processos e modos de relacionamento capazes de formar o cidadão para o pluralismo, para o senso de tolerância, de solidariedade e de solução pacífica de conflitos. Trata-se não só de educação para a democracia, mas também do estabelecimento de ambiente de relações educativas democráticas, voltadas para a participação societária, para o engajamento nas distintas estruturas de representação e para o exercício dos direitos de cidadania.[64]

---

[64] **Plano Decenal de Educação para Todos**. Brasília: MEC, 1993, p. 21.

As exigências de um mundo em transformação[65] implicam reformas profundas quanto ao papel da escola. Fala-se em planejamento participativo, em autonomia da escola, em descentralização, em novos critérios de avaliação e de controle, com liberdade para a implementação dos meios e rigorosa vigilância dos fins.

Quanto à estrutura, o sistema de ensino passaria por uma reformulação em ciclos que daria parcialmente conta da evasão e da repetência. Quanto à questão pedagógica, a matriz seria um livro produzido nos Estados Unidos na década de 1950 por Louis E. Raths, Arnold M. Rothstein, Arthur Jonas e Selma Wassermann, *Ensinar a pensar*[66], cujo objetivo declarado era combater a impulsividade do aluno, assim como sua excessiva dependência do professor, além de superar a sua incapacidade de concentração e a rigidez e inflexibilidade diante de problemas concretos, o que implicaria comportamentos dogmáticos e afirmativos e extrema falta de confiança em si, o que leva o aluno

---

[65] O Jornal Folha de S. Paulo apresentou reportagem sobre a chamada liberalização à brasileira. Tecnologia cortou 10,8 milhões de empregos. Segundo estudo da UFRJ, crescimento da economia entre 1990 e 2001 não compensou os efeitos da modernização tecnológica. 64,42 milhões de pessoas estavam ocupadas em 2001, considerando 13 setores da economia brasileira. Em 1990, eram 59,42 milhões. A criação de 3,24 milhões de empregos em 11 anos não é nada, se considerarmos que entre 1,5 milhão e 1,8 milhão de pessoas entram no mercado de trabalho por ano no Brasil. Jornal Folha de S. Paulo, 18/01/2004, p. B1. Estamos vendo, agora, processo semelhante no campo.

[66] RATHS, L. et al. **Ensinar a pensar**. São Paulo: EPU, 1977.

a não apreender o sentido das coisas e a cultivar graus diversos de resistência ao pensamento[67].

A obra apresenta uma teoria e uma série de exercícios práticos de operações de pensamento baseadas numa série de habilidades e de competências necessárias a um desempenho pautado pela identificação e solução de problemas enfrentados por uma nação (os Estados Unidos). Escrevem os autores:

> *Alguns já disseram que todos estes métodos representam gradualismos em condições em que há necessidade vital de rapidez. Abstratamente, nem o gradualismo nem a rapidez são coisas boas ou más. Em determinadas condições, as possibilidades de maior velocidade podem ser muito convidativas. Em outras situações – quando faltam dados essenciais e quando há grande divergência de pontos de vista – uma análise prudente pode recomendar cuidado ou inação. Os que às vezes defendem a ação rápida, muitas vezes estão a favor de ação revolucionária. Poucas pessoas diriam que todas as revoluções são más, ou que nenhuma revolução tem boas qualidades. Mesmo assim, a maioria defenderia intercâmbio de pensamento, processos ponderados de pensamento, consideração profunda dos valores que desejamos proteger, qualquer que seja a decisão final. Na medida em que se adotem tais formas de resolver os problemas, a revolução provavelmente será retardada, a*

---

[67] RATHS, L. **Ensinar a pensar**. op. cit. p. 9.

fim de defender uma forma melhor de enfrentar os problemas que nos dividem, que nos desunem e que tornam a vida menos valiosa.[68]

Habilidades e competências, neste caso, seriam instrumentais reflexivos capazes de avaliar corretamente quais valores devem ser prudentemente defendidos para a manutenção de determinada qualidade de vida.

Guiado pela psicologia behaviorista, o comportamento é entendido como "espelho" da mente:

> *Desejamos salientar que as inferências são feitas a partir do comportamento das pessoas. Fazemos inferências sobre a "mente" através de traços disponíveis e deixados pela mente que trabalha. Da mesma forma fazemos inferências a respeito do pensamento de um indivíduo. Em parte, portanto, o pensamento é definido como ligado ao comportamento examinado.*[69]

Para ensinar a pensar faz-se necessária uma série de procedimentos que provoquem uma determinada configuração do pensamento:

> *Dizemos de maneira clara que, quando se realizam tais operações, cria-se uma situação favorável para "provocar" o pensamento nos participantes da*

---

[68] RATHS, L. **Ensinar a pensar**. op. cit. p. 430.

[69] Idem, p. 9.

situação. Dizemos que comparação, interpretação, observação e resumo são operações de pensamento, na medida em que seu uso inteligente provoca pensamento. Damos quinze dessas categorias de ação que podem ser usadas no ensino que acentua o pensamento.[70]

Tais argumentos vinham de encontro ao momento em que se divulgava escolaridade para todos para construir uma sociedade pautada na participação democrática, ainda que isso significasse obediência a uma determinada forma de sociedade:

(...) Talvez sejamos capazes de compreender que os homens não podem ser, ao mesmo tempo, estúpidos e livres. A sociedade livre que tentamos construir exige inteligência livre. Uma população que não possa ou não deseje pensar sobre os seus problemas não ficará livre e independente por muito tempo. Entre os aspectos fundamentais de uma sociedade democrática, certamente encontramos o respeito pelas personalidades dos outros, a disposição para compartilhar as coisas com os outros e a fé no uso da inteligência.

Todas as instituições sociais de uma sociedade desempenham um papel importante na sua formação. Na medida em que criam objetivos, dedicam suas energias a certos projetos, recompensam e castigam certos tipos de comportamento, participam da criação

---

[70] Idem, ibidem.

> *de certo tipo de sociedade. Dessa forma, os meios e os fins são integrados. O que você semeia você colhe. A cada hora do dia na escola não estamos vivendo apenas essa hora; estamos auxiliando na criação de um mundo. Será um mundo cheio de ideias? Um mundo livre? Um mundo compartilhado por todos? Um mundo que tenha respeito pela personalidade de cada indivíduo?*[71]

A liberdade é um atributo da formatação de um determinado tipo de pensamento, gerenciado na instituição demiúrgica, locus onde, todos os dias, criam-se aspectos de um mundo. De seu aprimoramento, de seu sucesso, depende sua imutabilidade, sua conservação. Tais habilidades não serão instrumentos voluntaristas, mas ajustes ponderadores que, além de inserir o indivíduo num universo de indivíduos, tornam a todos corresponsáveis pelos destinos da sociedade que os "produz".

O termo cidadania entra definitivamente no vocabulário político nesse momento.

Talvez melhor do que o título *Ensinar a pensar*, Raths ensina a disciplinar o pensamento e, nessa medida, ela acompanhou o trajeto que desembocou na LDB 9394/96 e na elaboração dos PCNs, que materializaram a lei no currículo escolar.

Na prática, todo esse arranjo implicou em vultosos empréstimos internacionais que exigiam *feedback* estatístico. Os ciclos e a chamada aprovação automática,

---

[71] Idem, ibidem.

os programas de alfabetização solidária, os EJA, enfim todos os programas, inclusive os corretivos, incluindo a chamada alfabetização digital, foram todos irremediavelmente cosmetizados para a continuidade dos fluxos de investimento e, ao mesmo tempo, para a construção de verdadeiros depósitos de gente submetidos a exaustivas incursões de conflitos que são, todavia, muito mais baratos que instituições corretivas como a Febem (como já dizia Rui Barbosa, "educa a criança se não quiser punir o homem"). A escola transforma-se num arremedo de internato, com cadeados e grades, com seres jogados à própria sorte enquanto drenam seus investimentos vultosos para sabe-se lá que corredores da burocracia. Desde que as estatísticas estejam de acordo com o que se deseja, tudo estará bem, podemos continuar acreditando nos arautos contemporâneos que vaticinam a panaceia para todos os nossos males: "a educação salvará o mundo".

Quanto ao novo mundo do trabalho, o problema pode ser melhor apreciado pela leitura do texto seguinte, que saiu na Gazeta Mercantil: "Quem tem amigo, consegue trabalho":

> *Uma boa amizade pode representar uma oportunidade de colocação ou fazer uma empresa avançar.*
>
> *Antes de chegar à Casa Branca, o sistema de Bill Clinton, cada vez que conhecia alguém, era sempre o mesmo: anotava o nome de seu interlocutor e os dados para contato em um livrinho preto. Quando lhe perguntavam porque fazia isso, a resposta também era sempre a mesma: "Quero entrar no mundo da polí-*

tica para chegar a governador do Arkansas; por isso tomo nota de todas as pessoas que vou conhecendo".

Um amigo, além de ser um bem precioso, pode também representar uma oportunidade de trabalho, fazer uma empresa avançar ou conseguir mais clientes. Trata-se do networking, ou como aproveitar os contatos sociais para avançar na carreira profissional. As próprias empresas cada vez mais fazem uso dessa ferramenta para agregar valor a todos os seus processos.

Segundo especialistas, quem sabe gerenciar bem sua rede de contatos tem mais êxito social e profissional, é mais feliz. Algumas empresas chegam a pagar a seus empregados se as puserem em contato com conhecido que respondem ao perfil desejado.

Silviya Svehenova, professora da Esade, Escola Superior de Administração e Direção de Empresas, Espanha, explica que "quando se fala de utilizar os contatos sociais, muita gente acha que isso tem uma conotação negativa. Entretanto, é muito importante saber gerenciar essa rede, mas sempre com responsabilidade. Um empresário pequeno ou médio precisa levar em conta seus contatos para acessar certos clientes, distribuidores, e conseguir informações".

Segundo um estudo do Centro de Pesquisa em Economia Internacional (CREI) da Universidade Pompeu Fabra, Espanha, o melhor caminho para encontrar trabalho são os contatos sociais. Com cerca de 35% de casos positivos na Espanha, os contatos *sociais se encontram na frente das agências e jornais, que alcançam respectivamente 7% e 5,3%.*

Na Espanha, amigos e familiares são uma ferramenta de busca de emprego muito eficaz em cerca de 39,4% dos casos, adiante da França e da Itália. Entretanto, apenas uma sexta parte dos esforços dos que buscam trabalho se destina a ativar seus círculos sociais. Por que os contatos sociais são tão importantes? Segundo esse estudo, a chave está em que "transmitem informação rica e segura, e ao mesmo tempo ligam rapidamente os dois lados do mercado de trabalho".

A pesquisa também enfatiza que "muitos trabalhadores devem seu cargo atual, em grande parte, a sua rede de contatos, portanto, o mercado de trabalho é muito mais que um simples confronto entre procura e oferta". Na opinião de Victoria Jiménez, diretora da Associação de ex-alunos do Instituto de Empresa, "as redes sociais, tanto por meio da internet como pessoalmente, unem pessoas com interesses similares em suas carreiras".

"Dão força na hora de fazer negócios. Em nossa associação, implantamos as ferramentas necessárias para que as pessoas possam se relacionar. Por meio de atividades diversas, nossos ex-alunos se reúnem para trocar ideias", diz Jiménez.

Segundo a diretora, "cada vez é mais comum que, por exemplo, quando se escolhe uma determinada faculdade de administração de empresas, se leve em conta a comunidade dessa faculdade, os contatos sociais que ali se possa estabelecer.

Para Juan Carlos Cubeiro, diretor da Eurotalent, "os contatos sociais são a maneira dos profissionais não se isolarem. O modelo mental do século XX era o homem solitário, mas agora é importante estar acompanhado".

"Cada vez a confiança se torna mais importante, e é evidente e que quando a temos em um ambiente amigável, tudo se torna mais fácil; grupos sociais em universidades, faculdades de administração, associações de antigos profissionais...enfim, ambientes onde se compartilhe uma série de gostos e hábitos", explicou.

"Além da capacidade profissional, conta muito a maneira de ser. Quem conhece você responde por você. Recentemente, o principal executivo da ING Direct me contou que parecia incrível que no filme "Em busca da felicidade", Will Smith não tivesse uma vida social. "Todos devem ter uma", enfatizou Cubeiro. A globalização trouxe, por meio da web, a possibilidade de estabelecer contatos em todo o mundo e manter os existentes.

"A tecnologia sublinhou a diferença em relação a anos atrás. Hoje, tecnologicamente é mais fácil se manter contato com as pessoas e aumentar os círculos sociais".

Svejenova explica que "por meio de nossos contatos sociais recebemos novas ideias e oportunidades. Portanto, quanto mais diversificada nossa roda, mais informações diferentes nos chegarão. Além disso, para que exista progresso profissional é necessário que nossa vida social seja equilibrada e que tenham contato com profissionais sênior, júnior e também com nossos colegas". No caso de serviços de círculos sociais on-line como o Myspace, os especialistas dizem que ainda se encontram em estágio inicial, captando participantes sem se preocupar ainda com seus benefícios.

Ora, se nos países centrais do capitalismo essa regra é hegemônica, imagine em países periféricos e em empresas acostumadas a suprir seus cargos com a indicação de outros funcionários, que se comprometem cada vez que indicam um candidato. É um sistema muito mais eficaz e torna o discurso da educação para promover com a competição uma melhoria na qualidade não mais que apenas discurso. Na prática, a conversa é outra. Os concursos são, quando muito, coletores de dinheiro.

O problema é que as pessoas não estão indiferentes a esta realidade. Trancafiadas na escola como receptáculos sem voz, incapazes de fugir das grades, elas reagem:

> *Crianças invadem escola e destroem salas de aula. Ação deixou 200 alunos sem aula. Responsáveis têm idades entre 9 e 14 anos.*
>
> *Quatro crianças arrombaram as portas da escola infantil, onde também funciona uma creche, e quebraram carteiras, espalharam tinta pelas paredes e, para terminar, defecaram sobre provas, brinquedos e*

apostilas. O caso aconteceu no último final de semana em Pederneiras a 340 quilômetros da capital.

As aulas na creche/Emei Maria Helena foram suspensas nos últimos dois dias devido a ação e 200 crianças de 1 a 5 anos ficaram sem aula. Os professores trabalharam em esquema de mutirão para recuperar os estragos. Os responsáveis foram identificados. Todos eles têm idades entre 9 e 14 anos e moram nas proximidades. Segundo a polícia, os garotos furtaram alicate, machadinha, martelo e marreta de uma casa em construção e, depois, entraram na creche e passaram a quebrar os vidros das portas de cada sala de aula, até achar duas que não tinham câmeras de vigilância. Nelas, arremessaram cadeiras, colocaram mesas de cabeça para baixo, encheram os interruptores com cola e mexeram nas caixas de materiais escolares. Não bastasse tudo isso, eles ainda colocaram potes de tinta guache sobre as pás do ventilador de teto e o ligaram, antes de defecarem na sala.

Parte do material que ficou inutilizado foi comprado no início do ano, segundo a prefeitura. Os garotos devem ser ouvidos na Vara da infância e da juventude até o final de semana.[72]

Pode-se argumentar que esta é a realidade da escola pública, que nas particulares temos outras questões. A título de encerramento, recupero reportagem do caderno Folhateen de 31 de março de 2008, cujo título é "Desistir

---

[72] **Jornal Diário de São Paulo**, 9/4/2008, p. A7.

jamais: eles não conseguiram entrar na faculdade dos sonhos, mas ainda insistem. Conheça os estudantes que passam anos nos cursinhos pré-vestibular":

> *Os japoneses, que têm a mania de criar palavras para situações bem específicas, chamam os estudantes que não passaram no vestibular e se preparam para tentar novamente de "rounin". No Brasil, apesar de não termos um termo só para isso, muitos alunos repetem a dose no curso pré-vestibular para conseguir entrar na faculdade dos seus sonhos.*
>
> *É o caso de Felipe Augusto Oliveira, 20, que está enfrentando seu terceiro ano de cursinho. "É um inferno. É o lugar de onde todo mundo quer sair", afirma. Apesar disso, ele está determinado a entrar em medicina na USP, Unicamp ou Unifesp, universidades públicas do estado de São Paulo.*
>
> *Enquanto não for aprovado, Felipe prefere continuar onde está. "Muita gente fala que sou maluco e que eu deveria entrar em uma faculdade particular", conta. "Mas eu só quero as tops. Acho que, para ser um bom médico, você tem que se formar nas melhores escolas".*
>
> *Felipe não é o único. Ingressar na universidade pública é a principal motivação daqueles que optam por retornar ao cursinho. A estudante Renata Valença Tunes, 19, prestou economia na USP e na Fundação Getúlio Vargas, no ano passado. Foi aprovada na FGV, mas preferiu desistir da vaga para tentar a Fuvest novamente.*

"Combinei com meus pais que só prestaria GV se pudesse decidir não entrar, caso passasse", conta. *"Resolvi tentar a USP de novo porque acho que tenho capacidade de entrar lá".*

Para não correr o risco de se entediar com as aulas repetidas, Renata resolveu trocar de cursinho neste ano. *"Não quero ouvir as mesmas piadas"*, brinca a insistente aluna.

Para a vestibulanda de medicina Maíra Terra de Sarno, 18, seu primeiro ano no curso pré-vestibular foi um período de amadurecimento. *"Antes, eu achava que não precisava estudar todos os dias e qualquer barulhinho me atrapalhava. Agora consigo me concentrar mais e não tenho problemas em ficar horas na cadeira em frente aos livros. Hoje sou outra pessoa"*, garante a estudante, que está no segundo ano de cursinho.

Apesar disso, ela está enfrentando uma cobrança bem maior dos pais. *"Minha mãe acha que eu saí muito no ano passado e neste ano está anotando na agenda o dia e a hora que chego em casa quando vou para a balada, para poder me cobrar no final do ano"*, conta.

Maurício Pacheco e Silva, 18, concorda que o cursinho traz maturidade. *"Não tem ninguém para pegar no seu pé, você tem que administrar tudo sozinho"*, acredita.

Agora no segundo ano de pré-vestibular, o estudante está decidido a entrar no curso de engenharia

> *do ITA. "No ano passado, eu estava meio desligadão e não estudei direito", confessa. "Mas agora estou ralando dia e noite e vou lutar pelo que quero".*

Esses casos de permanência no cursinho não ocultam, todavia, todos os outros, quer de desistência, quer de aprovação. As escolas particulares não conseguem sequer cumprir o que prometem aos pais da classe média: colocar seus filhos nas faculdades dos sonhos desses pais. Mas toma o dinheiro durante os onze anos da educação básica. Isso é que é negócio bom! Que importa que os cursinhos lotados apontem justamente para o fracasso da promessa dessas escolas?

Nenhum dos casos aqui apontados é exceção, ou disfunção. Fazem, ambos, parte da mesma crise sistêmica ou da mesma lógica institucional; de um lado o depósito de gente, de outro, o recurso para a mercantilização do terceiro grau; em ambos, o exército de usuários de um jogo de cartas marcadas; em ambos, o aluno indiferente, o professor incompetente, a falta de participação dos pais, o baixo envolvimento da comunidade. Eis o discurso que justifica o fracasso.

A questão é que, se tivermos um país, o nosso, com cem por cento de cidadãos formados e competentes, teremos 30% deles inclusos no mundo dos privilégios e 70% excluídos, já que o que caracteriza essa sociedade é a injustiça e o fosso social. Não é uma questão de competência.

Inúmeras são as saídas, contudo. Quero resgatar aqui apenas um exemplo; o caso do Tião Rocha.

Além do indefectível chapéu, há uma outra coisa que Sebastião Rocha não tira da cabeça: a ideia de que a escola, no sentido físico, é dispensável para a educação. O adereço se incorporou à sua figura há quatro anos. Quanto à convicção, é mais antiga. Data de meados dos anos 80, quando o antropólogo especializado em folclore ainda não era o premiado e polêmico educador identificado mundialmente com a pedagogia dos saberes populares.

Aos 54 anos, Tião tem o prazer de ter visto sua ideia vingar. O caminho, porém, foi e continua sendo acidentado. A certa altura, em 1995, Tião esteve mesmo a ponto de não ver mais sentido em seu trabalho. Mineiro de Belo Horizonte, ele conta o "causo".

Um dia, sentado debaixo de um pé de manga, numa roda de educadores em Curvelo (MG), se perguntou: "O que eu vim fazer aqui?". O motivo da reunião era avaliar um dos projetos com que trabalha, o Ser Criança, que atende crianças e adolescentes de 7 a 14 anos. "Percebi que estávamos avaliando as atividades, e não os objetivos do trabalho. Dava certo na hora de colocar no papel, mas havíamos nos perdido na hora de fazer a ponte com a prática", lembra.

Essa reflexão – que coincidiu com o 11º aniversário do CPCD (Centro Popular de Cultura e Desenvolvimento), uma ONG fundada por Tião – provocou uma crise que acabou se tornando um divisor de águas. O grupo decidiu que, a partir de então, seus objetivos teriam de conduzir a resultados palpáveis – caso contrário, o esforço seria em vão.

Intelectual de opiniões fortes e defendidas com a devida ênfase, Tião não admite ser cumprimentado pelo que não faz. A menção ao CPCD como uma ONG que tira meninos da rua basta para deixá-lo indignado. "Lugar de menino é na rua", diz. "O que quero é mudar a rua, para que seja um lugar de convívio e solidariedade".

A sede do CPCD, em Belo Horizonte, fica na casa onde Tião nasceu e cresceu. "Conheço todas as pedras desta rua". Recém-casados, seus pais deixaram o oeste do Estado para tentar a vida na capital. O pai conseguiu emprego na prefeitura e aprendeu topografia. Lá era chamado de "doutor Rocha", mesmo tendo apenas a quarta série do ensino fundamental.

Como trabalhava no planejamento da cidade, Rocha comprou um lote para construir a casa que abrigou a família de nove filhos. Quando o menino tinha 11 anos, o pai morreu. "Sobrou para a minha mãe, um baixinha forte e brava", conta ele. Dos irmãos, era quem mais apanhava, de correia, corda e vara de marmelo. "Hoje, enquadraria minha mãe no Estatuto da Criança e do Adolescente", brinca.

Apesar da lembrança das surras, nunca quis sair de lá. "Sou muito ligado ao lugar. Tive uma rua muito boa, fui criado nela. Acho que fui um privilegiado, as pessoas que conheci lá me ajudaram muito. Hoje, tento disponibilizar tudo o que pude experimentar".

Após formar-se em história, Tião se tornou professor da Universidade Federal de Ouro Preto. Depois de alguns anos, começaram os conflitos com a acade-

mia. "*Estava encastelado. A universidade não recicla, cheira a mofo*", reclama. *Em 1982, pediu demissão e passou o ano seguinte planejando o CPCD. "Percebi que a pessoa física não tinha espaço*", diz. *Em 1º de janeiro de 1984, fundou com amigos a ONG da qual é, hoje, diretor.*

Quase 20 anos depois, o CPCD tem 30 pessoas na folha de pagamento, entre funcionários e membros da diretoria. Cerca de 15 mil crianças e adolescentes já passaram pelos projetos da organização, que tem cerca de 200 educadores.

O trabalho começou em meados de 1984, quando a prefeitura de Curvelo convidou Tião para ministrar palestras sobre cultura popular e folclore. Das conversas que manteve, surgiu um convite: assumir o Departamento de Educação e transformar o CPCD em parceiro institucional da prefeitura. "Quando começamos o trabalho, a pergunta que eu me fazia era: 'é possível fazer educação sem escola?'. Estávamos falando de um município pobre, com um política de educação praticamente inexistente e com um monte de meninos circulando sem escola semi-alfabetizados".

Nas primeiras reuniões, os professores da rede descreveram as suas atividades. "Uma professora contou que mimeografava o contorno de um patinho, que os alunos tinham que preencher com as cores certas – ai de quem o pintasse de azul! Os desenhos ficavam, então, pendurados no 'varal de criatividade'". Outra relatou que havia levado os alunos para fora da classe. As crianças fizeram desenhos no chão, com pedrinhas e folhas. "Ela me disse: 'não sei se isso dá certo, mas os alunos estavam muito mais disciplinados'". Dessas discussões, surgiu o Projeto Sementinha, voltado para crianças de 4 a 6 anos e hoje espalhado por vários Estados.

Tião foi à rádio da cidade e fez uma convocatória para quem estivesse interessado em participar das discussões para pensar na escola que queriam fazer.

As reuniões eram sempre em círculo, o que deu origem ao primeiro dos três pilares que compõem a metodologia do CPCD: a pedagogia da roda. "Na roda, todo mundo, confortavelmente instalado, vê todo mundo. Todos falam e escutam, ninguém é excluído", explica o educador. Nela, não há eleição: sempre se busca o consenso. "Se temos 20 pessoas e dez propostas, colocamos as dez em pauta e começamos pela mais urgente. Isso leva todo mundo a propor coisas", afirma Tião. A roda dá início às atividades do dia em todos os projetos da ONG.

Em Curvelo, surgiu também a segunda base metodológica da ONG: a pedagogia do sabão. Quando Tião pediu às professoras relatórios avaliando as escolas, a resposta veio em forma de listas de materiais em falta. "Perguntei: 'para fazer educação vocês precisam disso?'. Uma professora disse que havia vários produtos que ela mesma poderia fazer". Ele mandou a professora ir em frente e os alunos da quarta série fizeram sabão.

Essa atividade desencadeou o Projeto Fabriquetas (ou Núcleos de Produção de Tecnologias Popula-

res), hoje presente nas cidades mineiras de Curvelo, São Francisco e Araçuaí. O projeto apropriou-se e adaptou mais de 1.700 tecnologias populares de baixo custo. São aplicados e criados instrumentos de organização coletiva e auto gestão, que possibilitam a autonomia das unidades.

Os produtos, feitos por jovens e mulheres das comunidades, são vendidos pela Cooperativa Dedo de Gente, que reúne esses núcleos desde 1996. Para tornar-se membro, é preciso integrar uma Fabriqueta. Esse preceito também está na base da metodologia do CPCD: "educação é algo que só ocorre no plural".

Entre os produtos comercializados pela cooperativa, está o Bornal de Jogos – "Vem de embornal, sacola; é que mineiro é pão-duro, come as palavras", brinca Tião. O produto foi desenvolvido com base no terceiro pilar do CPCD: a pedagogia do brinquedo, no Projeto Ser Criança.

Quando as primeiras crianças deixaram o Sementinha para entrar na escola, o CPCD decidiu acompanhá-las. Elas queriam continuar com as brincadeiras, e a ONG não oferecia atividades de reforço escolar. Resultado: no final do primeiro ano, todas repetiram. "Os pais queriam tirar as crianças do grupo, e vimos que a batata quente estava nas nossas mãos", conta o educador.

A solução acabou vindo à tona. Um dos meninos do projeto, quatro vezes repetente da primeira série, não conseguia aprender as operações matemáticas. "Só que ele era bom no jogo de damas. Pensamos:

dama não é lógica? Inventamos um tabuleiro com números, peças com sinais de 'mais' ou 'menos' e criamos um jogo", diz. O meninо não só aprendeu a fazer conta como foi advertido pela professora, que duvidou da autoria da lição de casa.

Para provar sua inocência, o menino levou o jogo à aula, onde acabou sendo adotado. Ao devolver a "damática" (dama+matemática), a professora perguntou por outros jogos. "O menino abriu a porta", conta Tião. A partir da "damática", um grupo composto por crianças e adultos começou a criar brincadeiras para resolver dificuldades de aprendizado.

Foram desenvolvidos e adaptados 168 jogos, depois testados na rede educacional de Curvelo. Os que tiveram mais de 70% de aprovação por parte de alunos e professores foram considerados "tecnologias de educação". Hoje, são produzidos pelas fabriquetas e vendidos pela cooperativa, acomodados dentro de um colorido embornal de pano.

Um dos pontos cruciais do trabalho desenvolvido pelo CPCD é a formação de educadores. "Educador também aprende", afirma Tião. Não é preciso RG ou diploma: professores com especialização ou mães semi-analfabetas passam pelo mesmo processo. "A diferença está nos instrumentos de apoio. Para quem não sabe ler, não damos textos, contamos histórias", explica Tião.

Nos primeiros anos, a ONG foi financiada principalmente por fundações estrangeiras, como a Fundação Kellogg, dos Estados Unidos, parceira desde

1991. De 1995 até 2000, entraram em cena parceiros brasileiros. Já nos últimos anos, além da prestação de serviços, o CPCD tem visto os seus projetos serem incorporados a políticas públicas.

Conhecedor do sertão mineiro, seu autor preferido é Guimarães Rosa. "Já li 'Grande Sertão: Veredas' umas 40 vezes. Li de trás para frente, do meio para o fim, falo trechos salteados", conta. "Foi um dos livros mais importantes para me fazer educador. A matéria pura da vida está em Guimarães Rosa, além da beleza literária".

O seu grande sonho, admite, era ser jogador de futebol. Chegou a integrar a equipe juvenil do Atlético Mineiro, escondido dos pais. Descoberto, levou uma surra que, somada à forte miopia, enterrou seu projeto esportivo.

A determinação que faltou na época como jogador lhe sobraria mais tarde como educador. Tião, afinal, se encaixa perfeitamente naquela definição de mineiro do escritor Pedro Nava: "um estado de espírito de teimoso".

Creio, portanto, que a solução da educação passa necessariamente pelos papéis desempenhados por professores e estudantes: os papéis de uma nova educação serão não hierárquicos, sob nenhuma hipótese, principalmente aquela que ainda defende a necessidade do conteúdo, já que sua mediação é a própria hierarquia.

Fernando Pessoa[73] lembra indiretamente dessa relação quando trata da ortografia, tão atual nesses tempos de uniformidades:

> *O meu escrito contém elementos prejudiciais à sociedade ou à Nação? Se legitimamente e por mim o pensei, continuo cumprindo o meu dever cultural; meu dever social é que, consciente ou inconscientemente, não cumpri. São fenômenos distintos, dependentes, um da minha contingência; outro, da minha consciência moral, se a tiver.*
>
> *Ora a ortografia é um fenômeno puramente cultural: não tem aspecto social algum, porque não tem aspecto social o que não contém um elemento moral (ou imoral). O único efeito presumidamente prejudicial que estas divergências ortográficas podem ter é o de estabelecer confusão no público. Isso, porém, é da essência da cultura, que consiste precisamente em "estabelecer confusão" intelectual – em obrigar a pensar por meio do conflito de doutrinas – religiosas, filosóficas, políticas, literárias e outras. Onde essas divergências ortográficas produziriam já um efeito prejudicial, e portanto imoral, é se o Estado admitisse essa divergência em seus documentos e publicações, e, derivadamente, a consentisse nas escolas (a seu cargo). No primeiro caso haveria um fermento de indisciplina, que nenhum governo pode*

---

[73] PESSOA, Fernando. **A Língua Portuguesa**. São Paulo: Cia das Letras, 1999, p. 24-5.

ou deve admitir. No segundo haveria, além desse mesmo fermento, de desnortear crianças, incapazes, por o serem, de refletir ou analisar esses problemas. Eu, porém, não defendo – nem, presumo, defender alguém – o critério de que o Estado, onde tem ingerência, admita variações ortográficas. Como o indivíduo, o Estado – que em certo modo é também um indivíduo – adota a – e uma só – ortografia, boa ou má, que entende, e impõe-a onde superintende – a não ser que, à laia das ditaduras totalitárias – quando superintende em tudo, o que não é já governo, mas tirania. O que de fato defendo, e pelas razões que expus, é que cada qual pode escrever com a grafia que entende ou achar melhor, salvo, naturalmente, em circunstancias em que se entre na esfera da ingerência legítima do Estado.

Ainda pode alegar-se, como última e desesperada objeção, que basta, para ser prejudicial, a confusão que resulta para o público ledor menos culto da disparidade de ortografias entre vários autores. A objeção não colhe. Há sempre, nos países onde há divergência ortográfica, uma ortografia que a maioria dos leitores – que são esse tal público – prefere e deseja. Ora os autores que escrevem para tal público têm todos – digo todos, e nem sequer quase todos – o cuidado de escrever na ortografia que esse público quer.

A sempre renovada valorização do erro que tanto diminui o ser humano.

Aliás, escreve quem quiser, e como quiser, e leia quem tiver vontade e, se quiser aprender, que aprenda lá do seu jeito.

Um dos grandes exemplos do esgotamento da cultura escrita é a própria internet. Ali, quando necessitaram expressar-se pelos códigos, seus usuários acabaram por inventariar um vasto padrão de signos tão reduzidos, tão pouco sintagmáticos que podem ser entendidos como sendo icônicos e quase exclusivamente onomatopeicos.

Por isso, necessitamos erradicar a centralidade (enfatizo que é a centralidade e não a cultura escrita) da cultura escrita e trabalharmos com respeito outras formas de linguagem: a visualidade, a oralidade, a semiótica, as novas formas emergentes do ciberespaço, a linguagem corporal, sonora, a expressividade criativa do pensamento livre; outro modo de enfrentar esses limites históricos do velho sistema iluminista é a urgente erradicação das disciplinas (do "Aurélio", regime de ordem imposta ou mesmo consentida; ordem que convem ao bom funcionamento duma organização; relações de subordinação do aluno ao mestre; submissão a um regulamento). Há formas integradas de apreender o mundo e os temas transversais são ótimos prenúncios para esses novos caminhos. No fundo, fragmentou-se disciplinarmente esses conhecimentos na esperança (vã!) de reintegrá-los em algum tipo de futuro que nunca veio. Chegou a hora de subverter essas texturas cristalizadas. Além disso, precisamos urgentemente reintegrar homem e natureza num único e possível trajeto. Illya Progogine aponta para um novo monismo, integrando harmoniosamente cultura, natureza e sociedade. Nesse sentido, há que saber sobre os saberes, as tecnologias que não levam às hierarquias, mas às múltiplas possibilidades de autonomia, seja de pensamento, seja de sobrevivência. E, principalmente para o mundo escolar, há que reconhecer que a cultura escrita é fundamentalmente antidialógica.

Só então as escolas poderão cumprir seu papel nesse novo tempo histórico: produzir transformação social, criar uma nova sociedade pautada por novos princípios: respeito, solidariedade, cooperação, singularidade, etc.

A centralidade da cultura escrita,[74] historicamente superior, cede lugar a trocas pautadas pela visualidade, pela oralidade, pela experiência convergente, pelo enfrentamento dos problemas da comunidade, pela busca da autossuficiência, pela construção de novas e melhores sociabilidades, enfim, pela autonomia que cada coletividade pode atingir, envolvendo todos numa rede de proximidade e responsabilidade sobre o presente e sobre a história que cabe a cada contingente, que é dado pelo reconhecimento, pela significação das ações e pela familiaridade entre as pessoas, enfim, micro solidariedades que abdiquem de padrões cívicos, de constrangimentos convencionais.

---

[74] Na Escola da Ponte, em Portugal, essa centralidade foi há muito secundarizada. Por lá, o sujeito aprende a ler quando quiser e se quiser. Não é pré requisito para sua inserção no mundo e na sociedade. No Brasil, experiências semelhantes são cada vez mais comuns. A escola Lumiar opera sem seriação e sem disciplinas e foi recentemente incluída num programa mundial de exemplo de escola que aplica uma pedagogia inovadora e com resultados.

A única forma de não aderir ao sistema de desigualdades é produzir relações sem hierarquias, que respeitem as diferenças entre as pessoas, que operem com o diálogo e não com o discurso, que se inscrevam num ambiente de incertezas e de potencialidades ainda a serem descobertas pela proliferação de instâncias dialógicas construtoras de um presente que está sempre no aqui dos problemas e na dimensão de suas soluções, em que cada um dos atores, pela prática respeitosa, é mais uma possibilidade de solução.

Vivenciar as incertezas com coragem, eis nosso destino de humanidade. Varrermos de nossas relações até os últimos resquícios de desigualdade, daquilo que hierarquiza as pessoas, que as colocam em desníveis, é nossa única esperança num mundo melhor, e a escola, ainda cheia de muralhas, pode ser o epicentro dessa transformação. Afinal, ali estão as pessoas, ainda arquivadas em seus depósitos, mas com todo um potencial para expandir-se para fora daqueles muros conectando-se ao entorno, à sua comunidade, aos seus problemas. O diálogo entre essas duas estruturas pode ser revelador, se não objetar sobre uma parte de seus atores, sua incompletude, sua irresponsabilidade, sua limitação como pessoa. Aqueles codinominados "alunos" não são incompletos nem limitados, são pessoas plenas de historicidade, absolutamente conectados a seu tempo e a seu mundo, conscientes das injustiças e do preconceito a que estão submetidos.

Considerando o currículo oculto como uma existência válida, o alimento diário do professor é a submissão do aluno.

Alguma reflexão sobre a avaliação dialógica pode nos auxiliar a uma busca de alternativas sensatas para esses tempos de empoderamentos tão destrutivos das relações sociais.

Primeiramente é necessário apontar que a avaliação dialógica não é uma prova oral, uma sabatina ou uma autoavaliação.

Existem dois modos específicos de abordá-la. O primeiro consiste em preparar os estudantes para sua realização, contemplando alguns pontos específicos que serão discutidos. O segundo é considerar não como surpresa o evento, mas ressaltar a tranquilidade que deve nortear a reunião, sem pressão nem qualquer manifestação de poder, quebrando o tradicional conflito que a expectativa de qualquer avaliação ainda causa nas pessoas.

Em qualquer dos casos, no entanto, a avaliação dialógica deveria ser a consequência "natural" das aulas dialógicas, sem qualquer quebra no ritmo respeitoso com o qual se deve estabelecer uma relação educativa.

No primeiro caso, alguns pontos podem ser sugeridos. Comprometimento, base fundamental para qualquer processo educativo, mas que também deve pressupor que, por escolha ou outras razões pessoais, o comprometimento não ocorra. Participação nas discussões. Mas também aqui devemos atentar para o fato de que a participação se dá em vários níveis e que existem limites de ordem pessoal que devem ser respeitados, como por exemplo a dificuldade de se expressar em público. Compreensão.

Quando tratamos da compreensão, devemos reconhecer que um tipo de aula dialógica deva trabalhar com marcos flexíveis, porém com objetivos e alvos claramente definidos antes, durante e ao final do processo.

São aulas que seguem uma temática específica, uma tese, em que cada um dos encontros promove um novo conjunto de argumentos ou de pistas para que a discussão transcorra sempre com a inclusão de todos que quiserem participar.

Se este cuidado foi seguido, então a compreensão pode agora ser um dos elementos avaliados.

Adequação dos materiais utilizados ao longo do curso. Nesse sentido, é importante também que os participantes vão se responsabilizando não somente pelos momentos de encontros, mas igualmente pelo conjunto de elementos que compõem esses momentos.

Dificuldades. Este é um ponto fundamental na discussão qualitativa do momento da avaliação dialógica. Pois nele, os participantes terão oportunidade não só de discutirem os entraves que a metodologia provocou, mas também os elementos que, isolados ou combinados, foram responsáveis por impedir a completa integração ao círculo dialógico.

Pertinência do tema. Já que um curso dialógico começa com uma tese, uma hipótese ou uma diretriz que permite sempre ser recordada e recolocada com novos argumentos, ao final será preciso refletir se realmente valeu a pena todo o processo. Embora também possa ter sido mudada ao longo do processo, que não deve jamais engessar-se. Não é apenas uma questão de ganho quantitativo de conhecimento, mas principalmente se contribuiu para que os participantes pudessem entender melhor o seu tempo, a sua vida, a sua história.

Contribuição, tanto do grupo para o sujeito quanto do sujeito para o grupo. As trocas podem e devem ser discutidas, mas não como quantidades avaliáveis, como mudanças qualitativas na percepção do tempo e do mundo.

Quanto ao segundo modo de realizar a avaliação dialógica, qual seja, sem preparação, o processo se dá como uma terapia de grupo. Aqui podemos também considerar dois momentos chaves.

O primeiro representa um momento de relaxamento que pode ser conseguido com uma música ou uma imagem ou uma poesia, cuja finalidade é sempre a preparação para o diálogo.

O grupo coloca-se em círculo e começam a conversar. É o resgate de uma experiência vivida por todos, portanto não há que ter pressa nem um objetivo fixo.

O professor pode resgatar passagens e eventos que foram marcantes, pois sua memória também deve ser igualmente exigida.

Tudo deve transcorrer com muita cautela por parte do professor. É um momento solene e o respeito deve contaminar a todos os participantes.

Uma segunda forma pode ser conseguida com a exibição de um filme que lembre todo o processo estudado, como uma possibilidade de síntese.

É sempre o professor que "costura" as falas, que lhes dá uma nova potência e uma ampliação, sem constrangimentos ou recusas.

As críticas aparecerão e o professor deve estar preparado para aceitá-las e aprender com elas. Quando a voz do outro emerge, sempre haverá dificuldades, embora a consistência das relações construídas durante todo o processo fortaleça os papéis de cada um dos participantes.

O registro também é um elemento fundamental para esse processo. Como é um processo basicamente qualitativo, esse registro é base de uma memória construída constantemente na pratica docente.

A escola deveria ampliar as socializações ocasionais das tangências interpessoais para uma socialização de saberes capazes de enfrentar os problemas da comunidade, de reforçar atitudes em que cada um assuma sua inevitável condição de sujeito histórico que age, interage, modifica, recusa, enfrenta.

Ninguém mais quer ser tratado como coisa, como um "sem luz" já que o "sem luz" é, agora, o "sem paz", e o "sem paz" traz na mão a espada. Se ninguém mais quer ser diminuído em nome do futuro, então o respeito é a solução para o problema educacional no Brasil, o respeito e nada mais.

"Somos tortos, como Garrincha e Aleijadinho: ninguém precisa consertar".

Conheça também

Outras obras do autor *Eduardo Antonio Bonzatto*:

- Aspectos da História da África, da Diáspora Africana e da Escravidão sob a Perspectiva do Poder Eurocêntrico
- Folclore: entre a prática e a teoria, entre o fazer e o poder
- Permacultura e as Tecnologias de Convivência

Outras obras da *Coleção Conhecimento e Vida*:

- A Arte de Contar Histórias: abordagens poética, literária e performática
- A Caixa de Pandora por uma Educação Ativa
- A Educação no Brasil e o Princípio da Dignidade da Pessoa Humana
- A Educação Profissional: contraponto entre as políticas educacionais e o contexto do mundo produtivo
- A Formação dos Profissionais da Educação: processo de transformação das matrizes pedagógicas
- A Sala de Aula e e seus Símbolos
- Campanhas Ecológicas para um Mundo Melhor
- Cidadania da Mulher Professora
- Cultura Afro-brasileira na Escola: o congado em sala de aula

- Dependências: o homem à procura de si mesmo
- Do Mito do Herói ao Herói do Mito
- Docência: um momento reflexivo
- Educação e Sexualidade: um diálogo com educadores
- Formação de Professores e Representações sobre o Brincar
- Gênero e Educação: lutas do passado, conquistas do presente e perspectivas futuras
- Gênero, Educação e Política: múltiplos olhares
- Gênero, Educação, Trabalho e Mídia
- Gestão do Conhecimento, Educação e Sociedade do Conhecimento
- Leituras Especiais sobre Ciência e Educação
- O Berço da Aprendizagem
- Olhares Plurais Sobre o Meio Ambiente: uma visão interdisciplinar
- Ser Adolescente na Era da Informação

Títulos disponíveis em:

www.iconeeditora.com.br

(11) 3392-7771

Icone editora